LES DÉLAISSÉS

DU MÊME AUTEUR

Traité d'économie hérétique, Fayard, 2018 ; Pluriel, 2019

Macron, un mauvais tournant (collectif), Les liens qui libèrent, 2018

Introduction inquiète à la Macron-économie (avec F. Farah), Paris, Les petits matins, 2017 (1re édition 2016)

Sortir de l'impasse : appel des 138 économistes (collectif), Paris, Les liens qui libèrent, 2016

20 idées reçues sur l'énergie (avec R. Homayoun Boroumand et S. Goutte), Louvain-la-Neuve, De Boeck, 2015

Le déni climatique (avec H. Landes), Paris, Max Milo, 2015

TAFTA : l'accord du plus fort (avec F. Farah), Paris, Max Milo, 2014

Le mirage du gaz de schiste, Paris, Max Milo, 2013

L'indécence précède l'essence : enquête sur un Total scandale, Paris, Max Milo, 2012

Regards sur un XXIe siècle en mouvement (coordination), Paris, Ellipses, 2012

Reprise ou re-crise ? (avec H. Madi), Paris, Res publica, 2009

Un baril de pétrole contre 100 mensonges, Paris, Res publica, 2009

Thomas Porcher

Les délaissés

Comment transformer un bloc divisé en force majoritaire

Fayard

Ouvrage édité
sous la direction d'Isabelle Saporta

Couverture : ADGP
Photographie : © Antonin Ménagé

ISBN : 978-2-213-71195-9
Dépôt légal : mars 2020

À ma mère.

« Les individus ne constituent une classe que pour autant qu'ils ont à soutenir une lutte commune contre une autre classe ; pour le reste, ils s'affrontent en ennemis dans la concurrence. »

Karl Marx

« Il y a une guerre des classes, c'est un fait, mais c'est ma classe, la classe des riches, qui la mène, et nous sommes en train de la gagner. »

Warren Buffet

SOMMAIRE

AVANT-PROPOS

Je suis né et j'ai grandi dans le département le plus pauvre de France : la Seine-Saint-Denis, plus communément appelée le « neuf trois ». J'ai vécu jusqu'à l'âge de 12 ans à la cité Vacher, un ensemble d'une dizaine de barres d'immeubles HLM dans le quartier des tilleuls au Blanc-Mesnil, puis au Bourget dans un appartement rue Albert-Thomas qui jouxtait la zone industrielle. Je le précise parce que cette zone industrielle était le poumon économique des deux communes et que la plupart des personnes vivant dans les logements sociaux ou aux alentours y travaillaient. La France de mon enfance et de mon adolescence est mixte culturellement mais socialement composée en majorité de familles d'ouvriers, d'employés et de fonctionnaires de catégories B ou C.

Je n'ai pas eu besoin d'attendre d'être chercheur en économie pour découvrir les conséquences de la mondialisation et de la finance sur les classes populaires. J'en voyais déjà les effets sous mes yeux dès les années 1990. Je me souviens des premières fermetures d'usines mettant au chômage les parents de certains de mes camarades, les pères qui sombraient dans l'alcool, les avis de passage d'huissier sur les portes que les familles tentaient de dissimuler, la honte de mes amis qui inventaient des faux emplois à leurs parents. Pendant les vingt premières années de ma vie, j'ai vu la précarité gagner mon quartier quasiment aussi rapidement que se développait la délinquance sur fond de société de consommation (le versant soi-disant positif de la mondialisation).

Lorsque j'étudiais l'économie internationale à la Sorbonne, j'ai découvert que tout cela était prévu et que les économistes savaient que la mondialisation engendrerait un conflit d'intérêts entre ceux qui en profitent – en l'occurrence les plus diplômés – et ceux qui en pâtissent – les employés et les ouvriers. Nos dirigeants politiques avaient donc délibérément arbitré en faveur des travailleurs les plus qualifiés contre les classes populaires. Et comme les choses ne pouvaient être dites de la sorte, ils ont construit, avec l'aide d'économistes libéraux, un discours visant à individualiser la question du chômage et de l'échec pour en faire un problème personnel. Cette fable a conquis les esprits, y compris chez les plus pauvres. En transformant la victime en responsable, elle ajoute de l'humiliation à une situation déjà humiliante.

C'est à partir de ce moment que j'ai compris que l'économie était avant tout un rapport de force entre classes sociales et que les vainqueurs faisaient tout pour convaincre le reste de la population que chacun méritait ce qu'il avait, ce qui est évidemment faux. Dès lors, marqué par les souvenirs cuisants de mon enfance, j'ai voulu utiliser l'économie comme une arme pour la mettre au service des plus démunis, c'est-à-dire de ceux qui, en France, subissent tous les ajustements et à qui l'on explique pourtant qu'ils ont encore trop : trop de droits, trop de vacances, trop de jours fériés, trop de services publics, trop d'années à la retraite. Ceux que des dirigeants politiques vont volontiers traiter d'« illettrés », d'« alcooliques », de « racailles », de « fainéants », sous le regard d'éditorialistes qui approuvent. Ce sont encore ces gens modestes que l'on veut culpabiliser quand ils prennent leur voiture, quand ils voyagent en avion, quand ils achètent un écran plasma ou un vêtement de marque. En plus d'être étouffés économiquement, il faut qu'ils soient constamment jugés.

Les gagnants du système économique ont réussi à créer des lois mais également un système de valeurs qui les arrange. C'est ce que je me suis toujours attaché à dénoncer à travers mes écrits, mes déplacements pour soutenir des luttes (contre des fermetures d'usines ou de services publics, contre l'exploitation des gaz de schiste, contre les traités de libre-échange...) et mes interventions dans les médias. J'essaie de porter humblement la parole de ceux qui n'ont pas voix au chapitre et sur qui on exerce une pression continue, ceux avec qui j'ai grandi et auxquels je veux rester fidèle. L'économie est un sport de combat et j'ai choisi mon camp. Dans ce livre, je pars de cette France, celle des banlieues, des Gilets jaunes, des agriculteurs et des cadres déclassés, et je propose un projet économique à leur service pour qu'enfin la majorité d'entre nous puisse vivre décemment.

INTRODUCTION

La résilience du système est impressionnante. Ou, disons-le différemment, notre capacité à encaisser les coups est étonnante. Il suffit de retracer l'enchaînement des événements de ces dix dernières années pour mesurer l'ampleur du « casse » dont nous avons été victimes au profit d'une minorité.

En 2008, nous avons vécu l'une des plus graves crises financières, plongeant des millions de personnes dans la précarité et le chômage. Les responsables de cette crise, les banques et tous ceux qu'elles finançaient pour qu'ils défendent la déréglementation financière, ont été sauvés par le contribuable – c'est-à-dire par l'ensemble de la population – sans être inquiétés, ni juridiquement, ni financièrement. Ce sauvetage des banques, s'ajoutant à la récession économique, a entraîné partout dans le monde une explosion des déficits et des dettes publiques.

Et comme les banques craignaient de se voir imposer une hausse de la fiscalité pour rembourser des dettes dont elles étaient les principales responsables, elles ont construit un discours, relayé par les centaines de think tanks et d'économistes qu'elles financent, reprochant aux populations de vivre au-dessus de leurs moyens et laissant croire que le problème venait par conséquent d'un excès de dépense publique et de protection sociale. L'État (ou plus précisément sa technostructure) a approuvé cette interprétation, choisissant ainsi de protéger les profits des milieux d'affaires financiers plutôt que sa population. Il a alors mis en place des politiques d'austérité budgétaire se traduisant dans certains territoires par des fermetures simultanées d'entreprises et de services publics. Beaucoup de régions en France et en Europe ne s'en sont toujours pas remises et restent aujourd'hui plus pauvres qu'il y a dix ans.

Profitant du ralentissement de l'économie, le grand patronat a réussi à obtenir des baisses d'impôts et des lois flexibilisant le marché du travail qui devaient, nous disait-on, relancer l'activité. Les recettes publiques se sont donc davantage réduites – entraînant, en contrepartie, des économies supplémentaires pour l'ensemble de la population. Quant aux lois « travail » qui avaient pour but de faciliter les licenciements, soi-disant pour libérer les embauches, elles n'ont fait qu'insécuriser encore un peu plus les salariés déjà fragilisés par la récession.

Cerise sur le gâteau, le 1 % des ménages les plus riches, qui possède déjà 25 % du patrimoine français et qui a été le principal bénéficiaire de la croissance économique ces trente dernières années, a obtenu une diminution d'impôts de 4 milliards d'euros avec la réforme de l'impôt sur la fortune (ISF), tandis que symétriquement étaient annoncées une diminution des APL et des baisses de moyens pour le service public, notamment l'hôpital qui a dû faire 1,6 milliard d'économie en 2018.

Comment nous, « la majorité », c'est-à-dire plusieurs dizaines de millions de personnes, avons-nous pu accepter un tel enchaînement ? Comment avons-nous pu laisser une minorité d'individus – celle qui a défendu le modèle économique responsable de la crise et qui s'est accaparé la majorité des richesses ce dernier quart de siècle – en récupérer encore davantage quand il nous est demandé constamment de faire des efforts ?

Plusieurs explications peuvent être avancées.

L'une d'elles repose clairement sur la propagande menée par les élites politiques, économiques et médiatiques. Lesquelles élites nous ont promis pendant vingt ans que la mondialisation, la financiarisation de l'économie, la privatisation des services publics ou le marché unique allaient nous apporter une vie plus stable et prospère. Comme c'est l'inverse qui a eu lieu – les populations ont été insécurisées et n'ont que très marginalement profité de la libéralisation de l'économie –, ces mêmes élites ont produit un discours visant à faire croire qu'aucune alternative n'existait et que toute tentative de faire autrement mènerait au chaos. Dans ce discours, la contrainte financière est utilisée avec une mauvaise foi dépassant toutes les bornes. La dette publique est agitée comme un épouvantail quand il s'agit de financer l'éducation, les hôpitaux, la petite enfance, mais disparaît quand il est question de baisser la fiscalité sur les plus riches ou les grandes entreprises.

De nombreux politiques, économistes, dirigeants de think tank, journalistes, éditorialistes défendent ainsi une économie libérale injuste, suscitant la méfiance d'une partie croissante de la population à leur égard. Donald Trump, Marine Le Pen ou Matteo Salvini l'ont bien compris et capitalisent fréquemment sur cette haine de l'« establishment ». Mais sur ce point, il ne faut pas être dupe : l'extrême droite n'a jamais été antisystème. Bien au contraire, elle arrive souvent au pouvoir avec la bénédiction des forces financières. Libéraux et nationalistes ont plus de points communs dans leur politique qu'il n'y paraît, surtout en ce qui concerne la fiscalité et la déréglementation de l'économie. Dans les deux cas, la victoire politique se remporte à la condition de se porter garant du système – profitant majoritairement au 1 % – tout en instrumentalisant une guerre entre pauvres au moyen de différentes lignes de clivages. Les victoires de Donald Trump, d'Emmanuel Macron ou de la Ligue italienne sont le fruit de cette stratégie. Ainsi va-t-on de la traditionnelle opposition entre les classes modestes françaises et les immigrés pour les nationalistes à celle entre les travailleurs et les chômeurs pour les libéraux. À quoi il est possible d'ajouter d'autres oppositions, comme les fonctionnaires contre les salariés du privé, ou les habitants des territoires contre ceux des banlieues. Cet antagonisme entre pauvres est alimenté par l'idée que la dynamique libérale du partage des richesses et les règles économiques ne peuvent pas être remises en cause, et donc que le peu d'argent qui ruisselle vers le bas profitera plus à tel groupe si tel autre en est exclu. C'est de cette opposition horizontale entre classes populaires que naît la méfiance envers les immigrés, les fonctionnaires, les retraités ou les chômeurs, et l'idée fausse que certains groupes sociaux financent les autres.

Les raisons de la résilience de ce système foncièrement inégalitaire se trouvent donc dans la propagande des élites qui défendent leurs intérêts et dans la guerre intestine qui déchire le reste de la population. Le bloc bourgeois[1] fait face à un bloc divisé. La lutte des classes a donc laissé place à une lutte entre les « délaissés » qui profite à la classe dominante.

La première partie de ce livre portera donc sur quatre groupes de la population française : les Gilets jaunes, les habitants des banlieues, les agriculteurs et les cadres.

À première vue tout semble opposer ces différents groupes, tant d'un point de vue géographique que social, éducatif que culturel. Pourtant, l'analyse montre que tous subissent, à différents niveaux, les effets négatifs de la mondialisation, de la financiarisation de l'économie et de l'austérité budgétaire. C'est donc sur cette base commune que ces différentes catégories de la population française, malgré leurs différences, doivent redéfinir une lutte des classes.

Ce triptyque mondialisation-financiarisation-austérité n'est pas tombé du ciel, il est le fondement de notre modèle économique actuel qui, malgré des échecs successifs, reste le seul modèle défendu par nos élites. Par conséquent, il est primordial,

---

1. L'expression « bloc bourgeois » est tirée de l'excellent livre des économistes Bruno Amable et Stefano Palombarini, *L'Illusion du bloc bourgeois* (éd. Raisons d'agir, 2017).

au-delà de la dénonciation collective de ce système, de s'accorder au moins sur les grandes lignes d'un projet économique commun. La deuxième partie de ce livre propose d'en jeter modestement les bases. Car il ne faut pas être dupe : en plus d'être minoritaire, le bloc bourgeois est également traversé par des différences, mais elles s'estompent quand il s'agit de défendre un modèle économique favorisant ses intérêts communs. Il y a urgence, la crise sociale doublée de la crise écologique ne nous permet plus d'être divisés, ni de nous perdre dans de longues discussions. Nous n'avons plus le temps de nous donner du temps. Il faut passer à l'action.

PARTIE I :

LA FRANCE ARCHIPEL

Le but de cette partie[1] n'est pas d'interpréter les lignes de fractures de la France, ni de savoir si ces fractures sont réductibles ou pas, mais plutôt de comprendre ce qui, à différents niveaux, impacte négativement la majorité des Français. Pour cela, j'ai divisé la France en quatre ensembles majeurs : la France des Gilets jaunes, la France des banlieues, la France des agriculteurs et, enfin, la France des cadres déclassés. Bien sûr, ces lignes de partage sont loin d'être parfaites mais elles permettent de montrer que des catégories que l'on oppose volontiers (comme les Gilets jaunes et les cadres) peuvent être, de manière différenciée, victimes d'un même système. Le but n'est donc pas de procéder, comme aiment le faire traditionnellement les analystes et les partis politiques, à une opposition entre

1. Dont le titre s'inspire du remarquable ouvrage de Jérôme Fourquet (Seuil, 2019).

Français de manière horizontale, mais plutôt d'essayer de comprendre comment ces différentes composantes de la société subissent négativement l'organisation de la production et de la répartition des richesses telles qu'elles sont définies actuellement.

LA FRANCE DES GILETS JAUNES

Le 17 novembre 2018, dans toute la France, des dizaines de milliers de personnes ont manifesté avec un gilet jaune sur le dos contre la hausse des prix du carburant. D'abord lancé sur Internet, l'appel à manifester avait été soutenu dès le début par *Minute*, un magazine d'extrême droite, et par le Rassemblement national. C'est ce soutien rapide de l'extrême droite qui a empêché beaucoup de personnes – dont moi – de soutenir à leur tour les Gilets jaunes dès la première semaine. Le mouvement était protéiforme et les premières images diffusées à la télévision étaient contradictoires. On y voyait tantôt des individus qui exprimaient leurs difficultés à terminer leurs fins de mois – dignes d'être défendus à mon sens –, tantôt des gens qui dénonçaient à la police des migrants avec des commentaires racistes – ce qui est pour moi inacceptable.

Pour avoir étudié l'impact de la variation des prix de l'essence sur le pouvoir d'achat ainsi que les inégalités territoriales en termes de dépendance à la voiture, je savais qu'il y avait une injustice fondamentale dans la fiscalité des carburants, y compris lorsqu'il s'agit de « fiscalité verte ». Par conséquent, j'étais plutôt méfiant quant aux bienfaits de la taxe carbone. C'est un impôt régressif qui ne tient pas compte de la situation de la personne qui le paie et qui, en termes d'environnement, n'a d'effets que sur le moyen terme, au moment du changement de véhicule (le prix du carburant orientant l'acheteur vers des voitures moins gourmandes).

J'étais également conscient que les économies réalisées aux dépens des collectivités territoriales par François Hollande à partir de 2013 puis poursuivies et amplifiées par Emmanuel Macron depuis 2017 rendaient la vie de certains habitants beaucoup plus difficile, en dégradant les services publics locaux comme les transports urbains, les bibliothèques ou les crèches.

Enfin, je savais que l'austérité imposée à toute la zone euro, appliquée en France par Nicolas Sarkozy puis François Hollande (alors qu'il s'était engagé à faire le contraire) et Emmanuel Macron avait mis un coup d'arrêt à la croissance économique française et que, si certaines villes étaient reparties économiquement, d'autres régions sombraient et n'avaient toujours pas retrouvé leur niveau de richesse d'avant la crise.

Fort de ces constats et pour me faire ma propre opinion de ce mouvement qui était inédit dans son fonctionnement car non relié à un syndicat ou à une organisation, j'ai décidé d'aller à la rencontre des Gilets jaunes.

Rencontre avec les Gilets jaunes de Nemours

Le 1er décembre 2018, le jour de l'acte III des Gilets jaunes, je me suis donc rendu avec le producteur de musique Farid Benlagha sur un rond-point à Nemours. Lorsque nous sommes arrivés à destination vers 10 heures du matin, il y avait déjà une soixantaine de Gilets jaunes présents. Suite aux différentes images que j'avais vues à la télé ou sur les réseaux sociaux, j'appréhendais la façon dont ils allaient nous accueillir. L'accueil a été très sympathique, nous n'avions pas de Gilets jaunes et nous leur avons demandé si nous pouvions passer la journée avec eux, ce qu'ils ont accepté chaleureusement.

La première chose qui m'a marqué, c'est le nombre de personnes qui, lorsqu'elles s'engageaient sur le rond-point, klaxonnaient pour exprimer leur soutien au mouvement. Le rond-point était situé à côté d'un centre commercial, certains conducteurs qui rentraient de leurs courses offraient même des paquets de biscuits ou des boissons. L'ambiance était bon enfant et les rapports très chaleureux. Il y avait quasiment autant de femmes que d'hommes. Le mélange de professions allait du fonctionnaire au petit patron d'entreprise. Cette diversité d'emplois manifestant en un même endroit m'interpellait. Je me disais que probablement ces personnes avaient dû s'opposer à un moment politiquement. Mais sur ce rond-point, tous – des aides-soignantes aux petits indépendants en passant par l'employé et le retraité – se disaient victimes du système. À différents niveaux et pour des raisons disparates, mais néanmoins victimes.

Toutes les générations se mélangeaient, la première personne avec qui nous avons discuté s'appelait Steve, il avait 25 ans. Un autre, ancien ouvrier dans l'automobile à la retraite, nous a raconté que la révolte des Gilets jaunes ressemblait à Mai 68. Chacun nous a expliqué la raison pour laquelle il venait manifester sur ce rond-point. Tous nous ont dit que la situation était de plus en plus difficile, qu'ils avaient du mal à boucler leurs fins de mois et qu'ils ne pourraient pas continuer longtemps ainsi. Tous nous expliquaient qu'ils avaient l'impression de payer de plus en plus d'impôts tout en ayant accès à de moins en moins de services publics. L'État n'était pas vu comme une institution servant à les protéger mais plutôt comme un ennemi.

Ils n'ont pas tout à fait tort. Cela fait bien longtemps qu'une partie de l'État, les hauts fonctionnaires de Bercy ou de la Cour des comptes, s'en prennent, sous couvert d'expertises techniques, aux Français les plus fragiles. Le contrôle des chômeurs, le recul de l'âge de la retraite, la baisse des pensions de retraite, des allocations familiales, des remboursements des soins de santé sont autant d'« idées » qui reviennent constamment dans différents rapports émanant des hautes sphères de l'administration publique.

Toutes ces personnes réunies sentaient que, pour une fois, elles avaient la parole ; qu'on les prenait au sérieux et qu'elles formaient enfin un groupe identifiable grâce à leur gilet jaune qu'elles portaient avec fierté. Elles étaient déterminées à ne rien lâcher. Elles ont organisé un barbecue au milieu du rond-point et nous avons déjeuné avec elles puis nous sommes partis après avoir échangé nos coordonnées.

Sur le chemin du retour pour aller assister à la manifestation de l'acte III sur les Champs-Élysées, nous avons reçu ce texto de Steve, le jeune Gilet jaune de 25 ans : « Merci d'être passés nous voir, les gars, c'était sympa. »

Après cette journée, je n'avais plus de doutes. Je serais de leur côté jusqu'au bout. Les Gilets jaunes, c'est ma mère. CAP de couture, fille d'un ouvrier d'origine italienne et d'une mère au foyer, née à Bonneville puis ayant grandi au Blanc-Mesnil. Ce sont ces gens qui encaissent sans rien dire depuis des années, qui n'ont pas fait d'études et à qui on explique qu'ils ne sont pas assez intelligents pour comprendre, ceux qu'Emmanuel Macron appelle illettrés, ceux qui n'ont pas voix au chapitre, ceux qu'on traite volontiers de beaufs parce qu'ils n'ont pas les mots et les manières de Saint-Germain-des-Prés, ceux qui ont trop courbé l'échine, ceux qui n'auront jamais droit aux gros salaires ou aux belles choses (au point que même quand on les leur offre, ils se disent que ce n'est pas fait pour eux), ceux qui ne voyagent jamais et à qui on veut interdire l'avion, ceux qui n'ont pas de transports en commun mais qu'on traite de pollueurs dès qu'ils prennent leur voiture, ceux dont on se moque quand ils se battent pour un pot de Nutella en promotion ou lorsqu'ils attendent trente minutes devant la porte d'un magasin avant l'ouverture pendant les soldes. Ce sont des gens à qui l'on retire, étape après étape, en trouvant en haut lieu toutes les justifications économiques ou techniques, ce qui devrait être normal dans la sixième puissance mondiale : se loger et se nourrir convenablement, partir en vacances, pouvoir se soigner, avoir un peu de loisirs et bénéficier d'une retraite décente après une vie de travail.

Ces oubliés, victimes du libéralisme et de la technocratie, avaient aujourd'hui la parole grâce au mouvement des Gilets jaunes.

Mondialisation, financiarisation, austérité : le triptyque qui a tué l'économie des Régions

Avec les politiques économiques appliquées ces dernières années, augmentant les inégalités et faisant toujours subir à la partie la plus pauvre de notre population les ajustements douloureux, un soulèvement massif ne pouvait qu'arriver.

Car oui, ces dernières décennies, des choix politiques ont directement frappé les classes moyennes et modestes. Oui, ces choix ont été faits par des partis de droite mais aussi de gauche. Et, oui, pour beaucoup, ces classes moyennes et modestes n'avaient plus personne pour les représenter. Le système a constamment joué contre ces gens. La mondialisation les a exposés à la concurrence et au chômage ; l'austérité budgétaire a contracté l'activité économique tout en leur retirant des services publics ; enfin, la hausse des prix du carburant a été la goutte d'eau qui a fait déborder le vase.

De fait, la mondialisation, plutôt que d'être « heureuse », pour reprendre le titre du livre d'Alain Minc[1], a fragilisé des pans entiers de notre population en les exposant à la concurrence internationale. Le libre-échange a entraîné un conflit d'intérêts entre travailleurs qualifiés – qui bénéficiaient des effets de la mondialisation – et les moins qualifiés – qui en étaient directement les victimes. Les cadres avaient des qualifications que les pays en développement n'avaient pas, l'internationalisation leur a permis de décrocher des contrats et donc des activités supplémentaires à l'étranger. Quant aux ouvriers, ils étaient directement mis en concurrence avec les travailleurs étrangers (des pays émergents et même de certains pays européens) et ont vu, dans le meilleur des cas, leurs conditions de travail se dégrader et, dans le pire des cas, leurs usines fermer pour s'installer dans d'autres contrées où le coût du travail était plus faible.

Certaines de ces fermetures d'usines ont condamné des régions entières. En trente ans,

1. A. Minc, *La Mondialisation heureuse*, Plon, 1997.

la part de l'emploi industriel dans la population active a chuté de 22 % à 12 %[1]. Sur une base 100 en 1999, la production industrielle était en 2015 à 93 en France contre 127 en Allemagne et 116 aux États-Unis. L'industrie française meurt à cause de la finance et de la mondialisation. La mondialisation ouvre à la concurrence mondiale, la financiarisation transforme nos industries en entités homogènes afin d'éliminer les plus faibles ou de les délocaliser. Les salariés sont essorés pour garder leur emploi (il faut être plus compétitif que son voisin) ou baladés par des repreneurs. Cette concurrence est organisée et mise en place par des politiques qui servent visiblement les intérêts de quelques-uns.

Les hommes politiques français ont même joué un rôle majeur dans la financiarisation de l'économie au niveau mondial. Comme le rappelle l'économiste et professeur à l'université Harvard Rawi Abdelal, ce sont trois Français, Jacques Delors à l'Union européenne, Henri Chavranski à l'OCDE et Michel Camdessus au FMI, qui ont proposé ou appuyé l'adoption de règles libérales pour leurs organisations respectives et

1. L. Demmou, « Le recul de l'emploi industriel en France entre 1980 et 2007. Ampleur et principaux déterminants : un état des lieux », *Économie et statistique*, 2010.

ainsi permis l'accélération et l'augmentation de la circulation des capitaux. Au départ, les textes de l'Union européenne, de l'OCDE et du FMI autorisaient les États à réglementer les flux de capitaux. Jamais un consensus au niveau mondial en faveur de la mobilité des capitaux n'aurait été possible sans l'intervention de ces trois Français au sein de leurs institutions. La mondialisation telle que nous la connaissons aujourd'hui doit énormément à ces trois hommes qui étaient paradoxalement membres ou proches du parti socialiste (Jacques Delors en était une importante figure et Henri Chavranski et Michel Camdessus étaient des hauts fonctionnaires proches de François Mitterrand[1]).

Aucune politique publique n'a été mise en place pour empêcher ces délocalisations ou pour assurer plus de sécurité à ces perdants de la mondialisation. Bien au contraire, les prestations publiques ont été de plus en plus rabotées, les licenciements de plus en plus facilités (par les lois « travail » mais également par l'ensemble des réformes relatives au marché du travail), le traitement politique à leur égard de plus en plus méprisant.

---

1. R. Abdelal, « Le consensus de Paris : la France et les règles de la Finance mondiale », *Critique internationale*, n° 28, juillet-septembre 2005.

La politique macroéconomique de réduction des déficits en période de récession mise en place par Nicolas Sarkozy, puis poursuivie par François Hollande et Emmanuel Macron, a entraîné une contraction de l'activité à un moment où il aurait fallu la soutenir. Plutôt que de privilégier une politique contracyclique à l'instar des États-Unis, nos dirigeants en Europe ont choisi une politique procyclique renforçant la récession. Même Emmanuel Macron avait reconnu, pendant la campagne présidentielle de 2017, que cette politique avait plongé la zone euro dans la récession[1] – alors qu'il en avait été l'un des architectes (en tant que conseiller économique de François Hollande) et qu'il proposait d'aller encore plus loin dans la réduction des déficits (dans son programme présidentiel) !

Les premiers touchés par cette politique ont été les zones où l'activité était la plus fragile et où il aurait fallu soutenir par de l'investissement public la baisse de l'investissement privé. Des entreprises ont commencé à licencier voire à délocaliser pour faire monter le cours de leurs actions et préserver la marge des actionnaires. Or trop souvent l'activité des commerces et des autres entreprises

1. « Emmanuel Macron : mon projet économique », *Les Échos*, 23 février 2017.

plus modestes de la région est reliée à la vie d'une entreprise principale.

Les concepts de macroéconomie échappent à beaucoup de Français car ils n'ont aucune emprise directe dessus. C'est pour cette raison qu'il est très simple de remplacer les mauvais choix économiques de nos dirigeants par des contes de fées, comme celui de la réussite individuelle. Ou celui de la théorie des destructions créatrices, qui fait passer pour naturelles les fermetures d'usines en prétendant qu'elles seront compensées par beaucoup de créations d'emplois (sauf que ceux qui perdent leurs emplois sont rarement ceux qui profitent des créations, et que les régions qui créent des emplois sont rarement les mêmes que celles qui en perdent) ; qui met en avant la nécessité de formation alors qu'aucune de ces entreprises n'a formé ses ouvriers à faire autre chose que leurs tâches productives ; et qui enfin soutient le mythe d'une mobilité qui ne concerne en réalité qu'une partie restreinte et souvent très diplômée de la population.

Il faut le dire : les politiques macroéconomiques affectent directement nos vies et les seuls responsables sont nos dirigeants politiques. C'est pour cette raison que, au lieu de stigmatiser les immigrés ou tel ou tel comportement qui serait inadapté pour trouver un emploi, il faut demander des comptes à nos responsables politiques.

Pas moins de 10 milliards ont été retirés aux collectivités territoriales sous François Hollande ; 13 milliards sous Emmanuel Macron. Des régions françaises ont donc subi ces trente dernières années un changement radical de leur environnement économique. La mondialisation a exposé les travailleurs et les agriculteurs à la concurrence mondiale ; la financiarisation obligeant d'offrir des dividendes importants aux actionnaires a exercé de plus en plus de pression sur les salariés des usines, justifiant la mise en place de lois permettant d'augmenter la flexibilité du travail et fragilisant la position des salariés ; les agriculteurs ont également vu la valeur de leur production soumise à la volatilité des marchés mondiaux et à la complexité des produits dérivés qui sépare de plus en plus la production de la fixation des prix et rend encore plus difficiles les décisions d'investissements.

Les conséquences de ces choix politiques, qui prétendaient faire advenir un monde meilleur pour les Français, sont en partie à l'origine de la crise de 2008.

La place prépondérante de la finance dans l'économie à la suite des diverses déréglementations, entraînant de moins en moins de contrôle et de plus en plus de voracité de la part des financiers, au mépris des règles de prudence et même parfois des règles juridiques, est la condition même qui a rendu possible la création des subprimes – un crédit octroyé à des ménages pauvres ayant déjà des impayés sur ses anciens crédits –, la titrisation – la transformation de ces emprunts en titres –, puis la dissimulation de tout cela dans des marchés fantômes appelés shadow banking – un système bancaire parallèle opaque et moins régulé.

La mondialisation et l'interconnexion de nos économies ont permis la transmission rapide de la crise des États-Unis à la France. Mais, paradoxalement, c'est aussi la finance et la mondialisation qui ont permis aux financiers et aux actionnaires de mieux s'en sortir grâce aux centaines de milliards d'argent public injectés dans le système pour éviter son effondrement. Les banques ont renfloué leurs comptes et recommencé à spéculer sur les marchés financiers, tandis que la mondialisation a permis aux dirigeants d'entreprise de fermer des sites dans les endroits où la crise avait le plus affecté leurs usines. La crise a également été une raison invoquée pour compresser encore plus les salaires et augmenter les cadences des salariés.

Et, au cœur de cette récession, les gouvernements de la zone euro n'ont rien trouvé de mieux que de faire des coupes budgétaires. De sorte qu'aujourd'hui certaines régions françaises sont plus pauvres qu'il y a dix ans et que les seules solutions qu'on leur propose consiste à créer des zones franches – c'est-à-dire des petits paradis fiscaux – pour attirer les investisseurs et développer l'activité économique. On en compte une centaine en France, qui offrent des exonérations aux entreprises contre obligation d'emploi. Mais le bilan de ces zones franches est négatif, elles n'ont pas permis de relancer l'activité – honnêtement, que viendrait faire une entreprise dans un endroit où l'activité économique et les services publics se réduisent ? En revanche, elles ont été utilisées pour faire de l'optimisation fiscale.

Voilà l'enchaînement de décisions politiques qui ont volontairement tué nos territoires et leurs habitants.

Précarité et hausse des prix de l'essence : la double peine

À ces chocs structurels successifs frappant la majorité des territoires dits « périphériques » s'est ajoutée la hausse du prix des biens de première nécessité, et notamment de celui de l'énergie.

Lorsque vous vivez dans une région où vous n'avez pas de transports en commun et que vous êtes obligé de faire 30 à 50 km par jour pour aller travailler, le carburant est une dépense contrainte. Si le prix augmente, vous devez rogner sur d'autres dépenses, s'il baisse vous récupérez un peu plus de pouvoir d'achat. Les fins de mois difficiles d'une majorité de Français sont suspendues à la volatilité des prix du pétrole. Le sujet n'est pas nouveau. Avec la hausse des prix du pétrole entre 2004 et 2014, il est revenu fréquemment dans le débat public sans que les politiques proposent quoi que ce soit de nouveau. Même quand le prix du pétrole dépassait les 100 dollars et que l'ancien P-DG de Total, Christophe de Margerie, affirmait que le litre d'essence finirait par atteindre 2 euros[1], rien n'a été envisagé. Alors même que la fiscalité représente entre 50 et 60 % du prix, aucun débat n'a eu lieu, aucune commission n'a été mise en place pour discuter d'une fiscalité plus juste.

En 2012, François Hollande avait mis dans ses dix propositions phares le blocage des prix de

1. « Le litre d'essence vaudra 2 euros, selon le P-DG de Total », *Le Figaro*, 12 avril 2011.

l'essence[1]. À l'époque, les prix de l'essence allaient de record en record et quasiment un Français sur deux disait que la question des carburants pouvait influencer son choix pour un candidat[2]. C'est dire son importance et sa qualité en tant que thermomètre du ras-le-bol social.

Dans un certain nombre de révolutions, la hausse des prix des biens de première nécessité a souvent été la goutte d'eau qui fait déborder le vase. On se souvient de la « marche du sel » organisée par Gandhi pour protester contre l'impôt sur le sel mis en place par les colons britanniques et qui a provoqué les premières vagues de désobéissance civile des Indiens. Dans le cas des Gilets jaunes, c'est bien la hausse des prix de l'essence qui a entraîné plus d'un an de manifestations, débouchant sur des revendications allant beaucoup plus loin que le simple prix des carburants.

Je savais l'importance de cette question pour les Français. En 2011, j'avais ouvert un cycle de recherche avec d'autres chercheurs sur la question. Nous avions analysé les asymétries entre les variations des prix du pétrole et des carburants

---

1. « François Hollande propose un blocage du prix de l'essence », *Le Monde*, 19 janvier 2012.

2. « Sondage exclusif LSA : le prix de l'essence devient un enjeu clé de la présidentielle », *LSA*, 28 mars 2012.

pour voir si les pétroliers répercutaient autant les hausses que les baisses[1] (notamment pendant les périodes de vacances, où une hausse du prix au litre de quelques centimes à peine pouvait se traduire en un peu plus d'une semaine par des dizaines de millions de recettes supplémentaires) et également proposé une réforme de la fiscalité des carburants pour qu'elle soit plus progressive et tienne compte des inégalités territoriales dans l'accès aux transports[2].

---

1. En utilisant des données hebdomadaires sur le marché français entre 1990 et 2011, nous avions notamment montré qu'une hausse de 1 % du prix du brut en euros implique une hausse immédiate de 0,12 % du gazole et de 0,08 % du SP95, alors qu'une baisse de 1 % implique une baisse immédiate de 0,07 % du gazole et de 0,05 % du SP95, ce qui montre que la vitesse d'ajustement à un choc sur le prix du pétrole brut est plus rapide à la hausse qu'à la baisse.

Voir les publications scientifiques suivantes :

– R. H. Boroumand, S. Goutte, S. Porcher et T. Porcher, « Asymmetric evidence of gasoline price responses in France: a Markov-switching approach », *Economic Modelling*, vol. 52, 2016, p. 467-476.

– R. H. Boroumand, S. Goutte, S. Porcher et T. Porcher, « A Conditional Markov regime switching model to study margins: application to the French Fuel Retail Markets », *Energy Studies Review*, vol. 21, n° 2, 2014, p. 146-164.

– O. Lamotte, T. Porcher, C. Schalck, S. Silvestre, « Asymmetric gasoline price response in France », *Applied Economic Letters*, vol. 20, n° 5, 2013, p. 457-461.

2. T. Porcher, S. Silvestre, T. Péran, « Trois propositions pour réformer la fiscalité des carburants », *Le Monde*, 27 juin 2012.

La colère des Gilets jaunes à l'égard de la fiscalité, notamment la taxe carbone, était légitime. La fiscalité des carburants en France est lourde et injuste. Le prix d'un litre d'essence comprend le prix du produit raffiné (essence ou gazole), la marge de distribution, puis une taxe additionnelle fixe (la TICPE[1]) et enfin une taxe proportionnelle, la TVA, s'exerçant sur le produit mais également sur la TICPE (ce qui veut dire que l'on applique un impôt sur un impôt). Au final, la part de la fiscalité représente autour de 50 % des prix de l'essence et elle est la 4e source de revenus de l'État derrière la TVA, l'impôt sur le revenu et l'impôt sur les sociétés.

Une telle fiscalité accroît les inégalités plutôt que de les réduire, car elle ne tient pas compte de la situation économique du consommateur qui la paie. Quels que soient le véhicule, la zone d'habitation (centre-ville, banlieue, rurale), le type d'utilisation du véhicule (trajet domicile-travail ou loisirs, possibilité d'utilisation de transports collectifs ou non) ou la situation du conducteur (cadre supérieur ou chômeur), la fiscalité pétrolière est constante. Cette dernière pèse davantage sur les ménages modestes que sur les ménages aisés. En

1. Taxe intérieure de consommation sur les produits énergétiques.

effet, les premiers y consacrent une part beaucoup plus large de leur revenu.

Concernant la TVA, un rapport du Conseil économique, social et environnemental montre que les 10 % les plus modestes consacrent 8,1 % de leur revenu au paiement de la TVA contre 3,4 % pour les 10 % les plus riches[1]. La fiscalité des carburants est donc régressive, puisque la pression fiscale diminue au fur et à mesure que les revenus s'élèvent.

La fiscalité des carburants peut être également perçue comme doublement injuste car elle ne prend pas en compte les possibilités offertes aux personnes. En fonction de leur zone d'habitation (centre-ville, banlieue, rurale), tous les citoyens n'ont pas le choix entre l'utilisation de leur voiture ou des transports en commun. À Paris, le taux d'utilisation d'un véhicule particulier pour le trajet domicile-travail est de 13 % contre presque 80 % dans d'autres régions[2]. Et cet écart ne s'explique pas par le goût plus prononcé des Parisiens pour

1. Rapport du Conseil économique et social, *Prélèvements obligatoires : compréhension, efficacité économique et justice sociale*, 2005.

2. R. H. Boroumand, S. Goutte, T. Péran et T. Porcher, « Worker mobility and the purchase of low CO_2 emission vehicles in France: a datamining approach », *European Journal of comparative economics*, vol. 16, n° 2, 2019, p. 171-205.

les transports publics mais par le fait que, contrairement à la grande majorité des Français, ils disposent d'une offre importante dans ce domaine. Certains ménages ont donc tous les avantages – les Parisiens bénéficiant de bons revenus et disposant d'un réseau de transport développé – quand d'autres n'ont aucune marge de manœuvre et subissent les variations des prix du carburant qui grignotent leur pouvoir d'achat.

Malgré tous ces constats, le gouvernement a décidé de faire porter la taxe carbone principalement sur le consommateur.

Dans un premier temps, cette hausse des taxes était moins perceptible parce qu'elle avait lieu dans un contexte où le prix du pétrole était au plus bas. Mais encore une fois, et compte tenu des différents sondages qui montraient l'importance des carburants dans la vie des Français, il était facilement prévisible que lorsque les prix finiraient par remonter, la question de l'essence reviendrait dans le débat public.

C'est ce qui est arrivé à partir du deuxième semestre de 2018. Les prix du pétrole ont commencé à augmenter, se répercutant sur les prix du carburant et donc sur le pouvoir d'achat des plus fragiles en province. Loin de ces problématiques, la majorité des politiques et des élites françaises n'a pas perçu cette lame de fond qui arrivait progressivement. Cette déconnexion s'est traduite récemment à l'occasion d'une déclaration de Sibeth Ndiaye, porte-parole du gouvernement, qui, lors de la grève de la RATP en septembre 2019, souhaitait bon courage aux usagers tout en indiquant que pour sa part elle prendrait sa voiture de fonction[1]. Pour les membres du gouvernement, il est difficile d'imaginer que la hausse des prix du carburant puisse être un problème. D'abord parce qu'ils ont les moyens, ensuite parce que tous leurs frais courants (repas, chauffeurs, etc.) sont pris en charge. Ces tracasseries apparaissent donc secondaires, tout comme pour la majorité des Parisiens parce qu'ils disposent de transports en commun et que leur lieu de travail est souvent situé dans Paris ou à proximité.

Secondaire également pour tous ceux qui ne sont pas à 20 euros près. 20 euros en plus par mois, c'est peu pour certains, beaucoup pour d'autres. Lorsque vous gagnez le SMIC, il vous reste à peine une trentaine d'euros par mois une fois que toutes vos dépenses ont été effectuées. Quelques dizaines d'euros par mois (dans le meilleur des cas) que vous pouvez consacrer à des loisirs pour vous ou vos enfants. On comprend bien

1. « Depuis sa voiture de fonction, Sibeth Ndiaye de "tout cœur" avec les galériens du métro », *L'OBS*, 12 septembre 2019.

que dans ces conditions chaque euro compte, et que lorsque sur deux ans les prix du carburant ont déjà rogné 16 euros, vous ne pouvez plus tolérer qu'on vous annonce une hausse de la taxe carbone. Pas étonnant que la pétition lancée par Priscillia Ludosky, initiatrice et figure du mouvement des Gilets jaunes, pour protester contre la hausse du prix des carburants, ait recueilli plus d'un million de signatures.

Certains diront que la taxe carbone avait pour but de lutter contre le réchauffement climatique. Seulement la taxe carbone n'y répond qu'en partie puisqu'une grosse partie des recettes qu'elle génère ne va pas au financement des énergies renouvelables. D'autres diront encore qu'il est nécessaire que les comportements changent face à l'urgence environnementale. Là encore la taxe est loin d'être la meilleure réponse puisqu'elle n'agit que sur le moyen terme, au moment où vous changez de véhicule[1]. Mais surtout il était stupéfiant de la part du gouvernement de demander à la majorité de la population de faire un effort via la fiscalité à un moment où des baisses d'impôts importantes avaient été consenties aux

1. S. Porcher et T. Porcher, « Fuel taxes and consumer behaviour: a Markov-switching approach », *International Journal of global energy issues*, vol. 41, n° 1-4, 2018, p. 14-24.

plus riches. En effet, Emmanuel Macron venait d'offrir 4 milliards de baisse d'impôts aux 1 % les plus riches avec la réforme de l'ISF, 1 milliard aux 10 % les plus riches avec la flat tax sur les revenus financiers et, enfin, 17 milliards aux entreprises avec la baisse de l'impôt sur les sociétés. Il était difficile dans ces conditions de demander au seul consommateur de subir l'ajustement lorsque les contraintes semblaient être levées sur une minorité qui, elle, avait la capacité financière de s'adapter.

Le mouvement des Gilets jaunes était un mouvement transpartisan et protéiforme parce qu'il concernait une large partie des Français, et même leur majorité. Au-delà des professions de chacun, des générations et des régions d'origine, il exprimait leur ras-le-bol de subir tous les ajustements structurels et conjoncturels depuis trente ans. La mondialisation et la financiarisation de l'économie devaient apporter un monde meilleur, elles n'ont fait que fragiliser ces populations et creuser les inégalités. La crise de 2008 et l'austérité ont accéléré ce processus sans qu'aucun changement soit envisagé. Au contraire, on s'est empressé de remettre sur pied le système qui avait engendré la crise. Enfin, la hausse du prix des biens de première nécessité, notamment celui de l'essence, a fini le travail en rognant le peu de pouvoir d'achat qui restait aux classes modestes.

Les Gilets jaunes ont manifesté pendant plus d'un an avec l'ambition de changer les choses.

Un an au cours duquel la répression policière à leur égard a été d'une rare violence.

LA FRANCE DES BANLIEUSARDS

Lors d'une conférence dans mon ancien lycée à La Courneuve en janvier 2019, un élève de terminale m'a posé la question suivante : « Comment on fait pour aller à la Sorbonne ? »

Cette question, a priori anodine, m'a profondément touché. Premièrement parce qu'elle contredit tous les stéréotypes entretenus par certains sur les jeunes de banlieue qui n'auraient aucune ambition sauf celle de gagner de l'argent le plus vite possible, y compris par des voies illégales. Deuxièmement parce que ce qui apparaissait pour ce jeune garçon comme une finalité difficilement atteignable est pour d'autres une évidence, voire même pour certains un objectif peu désirable.

Je côtoie aujourd'hui bon nombre de parents qui font tout pour que leurs enfants n'aillent pas à l'université – jugée trop moyenne (et probablement trop populaire) – mais plutôt dans des classes préparatoires aux grandes écoles. Ce qui semblait un monde désirable pour cet enfant de La Courneuve était pour d'autres, à quelques stations de RER, un choix de deuxième zone. Sa question m'a également particulièrement ému parce que j'étais assis à la place de cet élève vingt-quatre ans plus tôt et que, à l'époque, tout comme lui, la Sorbonne m'apparaissait être un autre monde, quasiment inatteignable, alors qu'elle est aujourd'hui l'université où j'ai obtenu mon doctorat et où j'ai eu l'honneur d'enseigner pendant sept ans.

Il m'aura fallu un certain temps pour que je me sente légitime de seulement demander l'autorisation d'accéder à cet endroit. Sur le papier, rien ne m'interdisait de postuler directement après le bac, mais dans ma tête, de nombreuses barrières m'empêchaient de le faire. J'ai dû attendre plusieurs années et notamment un séjour Erasmus à l'université d'économie de Budapest pour me sentir simplement prêt à candidater. Ceux qui n'ont pas vécu en banlieue ne pourront jamais comprendre ces blocages psychologiques. Ils proviennent certes de l'origine modeste et souvent étrangère de nos parents, mais surtout de l'environnement dégradé – infrastructures, immeubles, services publics – et de l'image que la société nous renvoie. À cela s'ajoutent les politiques mises en place ces vingt dernières années qui ont lâché volontairement ces populations, refusant de leur offrir une autre fonction que celle d'être un grenier à main-d'œuvre corvéable à merci au service des centres-villes.

Les territoires discriminés

En 2009, Gilles Poux, maire de La Courneuve en Seine-Saint-Denis, saisit la Haute Autorité de lutte contre les discriminations et pour l'égalité (HALDE) en portant plainte pour discrimination territoriale. Selon lui, cette discrimination s'exerce à deux niveaux : de manière individuelle par des acteurs privés ou publics sur les habitants d'un territoire, et de manière globale par le manque de moyens déployés par l'État en comparaison d'autres territoires. Cette plainte sera suivie par d'autres communes, comme Grigny, en Essonne, qui saisira en 2010 la HALDE à la suite de hausses d'impôts décidées par un arrêté préfectoral, ou Saint-Denis, qui s'adressera au défenseur des droits en 2014 au motif d'une discrimination territoriale dans l'accès au service public d'éducation. Plus récemment, le maire de Stains (Seine-Saint-Denis), Azzedine Taïbi, a porté plainte auprès de l'État pour « rupture d'égalité républicaine », fustigeant l'existence d'une « tiers France », c'est-à-dire de territoires oubliés de la République dont les habitants subissent des injustices et des discriminations en permanence[1].

Ces discriminations sont bien réelles et les chiffres parlent d'eux-mêmes. Prenons l'exemple de La Courneuve. Le taux de pauvreté y atteint 43 % de la population contre 14,9 % pour la moyenne de France. Le taux de chômage s'élève à 27 %, soit plus de deux fois le niveau national, avec un taux de chômage des jeunes à 44 %. La population est jeune – l'indice de jeunesse est de 325 contre 129 pour la France –, comprend une part importante de gens d'origine étrangère et subit un décrochage scolaire perceptible dès la fin du collège[2]. Pourtant, pour répondre à cette situation, l'État n'a rien trouvé de plus logique que de diviser par deux les moyens alloués à la ville depuis 2014 !

Concrètement, cela se manifeste par une offre de services publics détériorée alors même qu'elle devrait être renforcée. Par exemple, alors que la ville de La Courneuve a un taux de chômage très élevé, on n'y trouve qu'un conseiller pour 160

---

1. « Azzedine Taïbi, maire de Stains, porte plainte contre l'État pour refuser que le 93 soit oublié de la République », *Bondy blog*, 15 novembre 2018.

2. Les chiffres utilisés proviennent de *L'Atlas des inégalités territoriales de La Courneuve* commandé par Gilles Poux, maire de La Courneuve, que j'ai eu l'honneur de préfacer.

chômeurs contre 1 pour 116 chômeurs en France. Autre exemple, les cours du soir ont été supprimés au lycée Jacques-Brel et les effectifs sont passés à 35 élèves par classe.

Certes nous savons tous que le système éducatif est loin d'être parfait et que plutôt que de lutter contre les inégalités, il ne fait que les reproduire. Ceux qui quittent l'école le plus tôt, vers l'âge de 17 ans, appartiennent aux couches défavorisées. À l'inverse, ceux qui en sortent le plus tard, vers 26 ans, font partie des plus favorisés. La réussite scolaire et universitaire dépend bien davantage du milieu dans lequel on évolue que de ses propres capacités individuelles. Mais même en étant conscient de cette réalité, comment peut-on se dire que retirer des moyens à l'école va arranger la situation des jeunes de banlieue ?

C'est cette spirale visant à appauvrir les services publics qui finit par engendrer une méfiance des habitants des banlieues à l'égard de l'État. Car la détérioration des services publics est globale, allant des transports aux infrastructures en passant par l'école. Difficile, dans ces conditions, de vanter les bienfaits de l'État providence.

En effet, les services de l'État peuvent paraître inadaptés à la situation que vivent certaines familles en difficulté. Dans le magnifique film de Jean-Bernard Marlin, *Shéhérazade*, Zachary,

17 ans, sort de prison et veut rejoindre sa mère. Mais la juge et l'assistante sociale veulent le placer en famille d'accueil parce que sa mère est au chômage et qu'il faut l'éloigner de son quartier à cause de ses mauvaises fréquentations. Ce qui était perçu comme une seconde chance par l'État a précipité Zachary dans la rue, il sera recueilli par une jeune prostituée dont il deviendra l'amoureux et en même temps le proxénète. Ce film montre comment l'État, même avec les meilleures intentions, peut faire du mal. Il montre aussi clairement les effets délétères de la conjugaison de l'appauvrissement des services de l'État et des conséquences de la politique économique menée depuis plus de trente ans, qui a créé des armées de précaires livrés à eux-mêmes.

En résumé, les personnes les plus modestes sont insécurisées dans leur emploi (mise en concurrence avec d'autres pays, modifications du Code du travail permettant de les employer dans des conditions plus précaires mais également de les licencier plus rapidement), et l'État leur retire en même temps tous les filets de sécurité.

Un rapport difficile à l'école qui freine l'ascenseur social

Les jeunes des quartiers populaires ont aussi un rapport particulier à l'école. Lors des émeutes de 2005, des écoles ont même brûlé, ce qui a choqué la majorité de la population. Beaucoup de rappeurs évoquent dans leurs textes le rapport douloureux à l'institution. Le groupe Sexion d'assaut, dans sa chanson *Ils appellent ça*, écrit : « À l'école t'es qu'un amateur, on t'fout chez les pros, t'as des capacités, on t'met en bac électro (…) Tout ce sac à merde qu'ils appellent classe technologique. » Keny Arkana, dans *L'Usine à adultes*, chante : « Système scolaire mal foutu à l'allure d'usine à adultes, même format pour tout le monde, l'éducation te modèle à la rue, te fait perdre ta nature humaine (…), t'empêche de penser par toi-même. » Ou encore Oxmo Puccino, dans *Peu de gens le savent*, dit : « Puis à l'école hein, l'école. Tu demandes à chaque mec des cités : t'as quoi comme diplôme, enfin comme brevet ? Il va te sortir j'ai un BEP moi. BEP, tu crois qu'tu vas faire quoi avec un BEP, hein ? Eh, combien de millionnaires en BEP, hein ? »

Les travaux de Pierre Bourdieu avaient déjà dénoncé le rôle de l'école comme élément central participant à la reproduction des inégalités sociales tout en légitimant ces inégalités par une prétendue méritocratie. Les statistiques ne donnent pas tort à Pierre Bourdieu – comme aux différents rappeurs cités plus haut. Il n'y a quasiment pas d'enfants d'ouvriers et d'employés dans les grandes écoles et la scolarité, dès le plus jeune âge, est compartimentée par classes sociales.

Les travaux de Thomas Piketty sur la question sont intéressants. En prenant l'exemple de Paris, il montre le niveau extrêmement élevé de ségrégation sociale. À Paris, le pourcentage d'enfants socialement défavorisés (c'est-à-dire dont les parents sont ouvriers, chômeurs ou inactifs) est de 16 %. Dans une ville avec une vraie mixité sociale, on devrait logiquement retrouver cette proportion dans chacun des 175 collèges. Or les collèges les plus huppés n'accueillent quasiment aucun élève issu des classes défavorisées (moins d'1 %), quand d'autres collèges en comptent plus de 60 %[1].

À cela, il faut ajouter la division supplémentaire à l'intérieur même des collèges dits défavorisés qui regroupent les meilleurs éléments dans les « classes européennes » ou « allemand première langue ». Les favorisés chez les défavorisés se retrouvent

1. T. Piketty, *Aux urnes citoyens !*, Les liens qui libèrent, 2016, p. 261-268.

donc ensemble dans les meilleures classes. Au final, sans même le connaître, on peut rapidement présager de l'avenir d'un enfant de 13 ans en donnant l'adresse de son lycée puis le numéro de sa classe. Point de méritocratie, sinon celle de bien naître. Les élèves de la 4e A d'un lycée dans le 5e arrondissement finiront quasiment tous à bac + 5, quand ce sera beaucoup plus difficile pour ceux de la 4e E d'un lycée de Seine-Saint-Denis.

En dehors de ces aspects structurels qui confirment les travaux de Bourdieu, qu'est-ce qui explique ce désamour entre l'école et les jeunes des quartiers populaires ? Les familles pauvres ont bien intégré l'importance des études et, souvent, l'échec scolaire y est mal vécu. J'ai rencontré plusieurs acteurs de banlieue qui ont eu des premiers rapports difficiles avec l'école avant de redresser le tir.

Par exemple Azad Bapir, cofondateur de French Tess, une association qui vise à intégrer les jeunes issus des quartiers populaires via l'entreprenariat numérique, a grandi à Drancy, en Seine-Saint-Denis, a redoublé au collège puis a été orienté en BEP vente pour finir ses études à Sciences po Paris en master finances et stratégies après un bac technologique. Idem pour Fouad Ben Ahmed, cofondateur du collectif Plus sans ascenseurs, une association visant à soutenir les personnes en fragilité face aux pannes récurrentes des ascenseurs, qui a vécu à Bobigny, a redoublé le CP, fait un cursus 6e, 5e en trois ans, puis un BEP suivi d'un bac professionnel pour finir avec un master 1 en management des institutions sanitaires et sociales avec mention.

Dans le cas de Fouad et d'Azad, on est en droit de se demander comment le système scolaire a pu à un moment les sortir de la voie générale. Cette question, je me la pose d'autant plus que je connais l'engagement des enseignants dans le 93. Ceux que j'ai eus dans mon enfance et ceux que je côtoie aujourd'hui.

Certes les statistiques montrent que la proportion de néo-titulaires affectés dans des établissements dits « difficiles » de Seine-Saint-Denis est supérieure à la moyenne (et qu'elle a augmenté entre 2011 et 2016). Globalement, dans le 93, les enseignants sont moins expérimentés qu'à l'échelle de la France, et à l'académie de Créteil, 70 % des enseignants de collège en éducation prioritaire ont moins de cinq ans d'ancienneté. Mais ce fait n'explique pas à lui seul le décrochage scolaire plus précoce des classes populaires. Dans mon engagement au côté des enseignants, notamment ceux de mon ancien lycée à La Courneuve, j'ai rarement rencontré des gens aussi dévoués à leur métier et attachés à leurs élèves. Pour moi, ils ne sont pas à l'origine du décrochage mais bien ceux qui dressent contre lui un dernier rempart.

La cause du décrochage est multifactorielle, elle repose sur un cumul de désavantages. Un enfant de La Courneuve, outre le fait qu'il a quasiment une chance sur deux de vivre dans une famille pauvre, grandit dans un environnement dégradé, aux services publics sous-financés et donc peu efficaces, respire un air de mauvaise qualité (27 % des Courneuviens sont exposés au dépassement de la valeur limite annuelle de particules fines) et subit des nuisances sonores (trois quarts de la population courneuvienne se situent en zone de gêne sérieuse). À cela, il faut ajouter toute sorte de discriminations raciales – pour les populations étrangères ou d'origine étrangère – et sociales – accent ou comportement dits « de banlieues », adresse postale, etc.

Beaucoup de jeunes sont en échec scolaire en banlieue parce qu'une grosse partie de leur cerveau doit gérer des problèmes qu'un jeune de l'École alsacienne[1] ne peut même pas imaginer. Que vaut une faute d'orthographe, un oubli de virgule ou une table de multiplication quand vous voyez vos parents qui n'arrivent pas à trouver un emploi ? Pouvez-vous faire vos devoirs sereinement quand

1. Établissement privé situé dans le 6e arrondissement.

votre mère travaille la nuit et que vous vous occupez de vos petits frères ? Cette vie difficile est également le terreau du développement de la délinquance et des comportements agressifs. Tout cela combiné vous éloigne de l'école.

Je me souviens avoir eu moi-même très rapidement un rapport difficile à l'école. Ma démarche, mon regard – ou la manière d'éviter de croiser un regard quand je rencontrais un groupe de jeunes d'un autre quartier –, ma façon de parler et aussi de me défendre, tout cela occupait énormément de place dans mon esprit. Car dès le plus jeune âge, en banlieue, vous êtes confronté à la violence physique. Aujourd'hui, à Paris, je fréquente des personnes qui ne se sont jamais battues, au sens propre – et parfois, même au sens figuré –, de leur vie ; qui n'ont jamais eu l'idée de pratiquer un sport de combat pendant leur enfance et qui s'inscrivent à plus de 30 ans dans des clubs de boxe pour s'encanailler. Dans mon enfance, très tôt, les sports de combat ont été une évidence pour moi parce que très vite vous êtes confronté à des comportements violents. C'est compréhensible, la précarité est pourvoyeuse de délinquance. On n'a jamais vu dans le monde un quartier pauvre n'étant pas dangereux. On n'a jamais vu non plus un champion du monde de boxe ayant grandi à Neuilly.

Tant que je vivais en banlieue, tout cela m'apparaissait normal. C'est beaucoup plus tard que j'ai compris que je n'avais pas commencé le karaté à 10 ans pour rien, que je n'avais pas été ceinture noire à 16 ans et plusieurs fois champion de Seine-Saint-Denis à cause du hasard. Mais que mon environnement m'avait probablement plus poussé vers un sport de combat que vers la musique classique ou l'équitation. J'ai compris aussi que ce que j'avais vécu ou vu en banlieue n'avait rien de normal. Que ce n'est pas normal de voir un élève de 15 ans avec un revolver dans votre lycée. Que ce n'est pas normal que cet élève sorte son revolver en cours dès que la professeure a le dos tourné. Que ce n'est pas normal de se battre à la gare d'Aulnay-sous-Bois à 16 ans pour une casquette à 10 euros. De frapper de toutes ses forces un autre pour une simple casquette. Que ce n'est pas normal de passer voir son camarade de classe de terminale qui travaille dans une station-service au Blanc-Mesnil (ce qui n'est déjà pas normal en soi : on n'imagine pas un jeune du lycée Stanislas travailler dans une station-service pendant l'année de son bac) et de se faire braquer par un client avec une arme à feu. Que ce n'est pas normal d'être toujours sur ses gardes, prêt à en découdre. Pourtant, tout cela ne me choquait pas, et il est probable que beaucoup de jeunes des quartiers aient vécu des histoires similaires, voire pires.

Certains diront que je m'en suis sorti, que j'ai fait de brillantes études. C'est vrai, mais je disposais du meilleur atout, ce que les sociologues appellent un « capital culturel », puisque mon père avait fait des études supérieures brillantes. Certes ma mère avait arrêté l'école jeune et n'avait qu'un CAP de couture, mais je disposais néanmoins grâce à mon père d'un accès au savoir. Sans ce capital culturel, j'aurais probablement été orienté en BEP ou en filière technologique comme beaucoup de mes cousins. Il m'a fallu du temps pour avoir un déclic et m'intéresser aux études, je l'ai eu après 23 ans quand je suis arrivé à la Sorbonne. En réalité, beaucoup de jeunes l'ont tardivement. Sauf que certains, comme moi, ont droit à l'erreur et au temps nécessaire, d'autres non.

Retrait de l'État, casse du modèle social et lois « travail » : la recette pour disposer d'une main-d'œuvre corvéable à merci

Hier les ouvriers et employés des usines, aujourd'hui les services à la personne et les chauffeurs Uber, la banlieue a toujours été un grenier à main-d'œuvre. Comme dans la France des territoires, les banlieusards ont connu les effets négatifs de la mondialisation, à la suite des fermetures et des délocalisations d'usines. C'est dans ce contexte que s'accélère la paupérisation des grands ensembles qui avaient été initialement construits pour loger cette main-d'œuvre. Par exemple à Aulnay-sous-Bois, où la fermeture du site PSA en 2013 a appauvri les grands ensembles au nord de la ville, notamment la cité des 3000. Aujourd'hui, le taux de pauvreté des ménages y atteint 50 %[1].

Tout comme dans les territoires, la cause de l'appauvrissement des banlieues est donc due en premier lieu à la désindustrialisation qui est une conséquence de la mondialisation. Mais, contrairement aux territoires, la banlieue est également le réceptacle de l'immigration nécessaire au fonctionnement des grandes villes. Ainsi toutes les petites mains essentielles à la cuisine, à la livraison, au nettoyage, à la sécurité des commerces ou des familles des centres-villes vivent en périphérie. Et tout est fait pour que ces populations ne servent pas à autre chose.

Les banlieues sont en termes de démographie généralement plus jeunes que la moyenne nationale. La part des 0-19 ans est plus élevée en Seine-Saint-Denis qu'ailleurs en Île-de-France, où la moyenne est elle-même plus importante que dans le reste de

1. J. Fourquet, *L'Archipel français*, Seuil, 2019, p. 188.

la France métropolitaine. Pourtant, nous l'avons vu, l'État, plutôt que d'investir dans sa jeunesse, retire des moyens à l'éducation. Les coupes budgétaires imposées aux collectivités locales affectent l'Éducation nationale, puisque la gestion des bâtiments et de nombreux personnels (cantines, assistants éducatifs, services de nettoyage) sont sous la responsabilité des collectivités locales.

La flexibilisation du marché du travail via les lois El Khomri et Macron ont affaibli les droits des salariés. Pendant toute la promotion de ces lois par les gouvernements de François Hollande puis d'Emmanuel Macron, il nous a été tantôt dit qu'il fallait faciliter les licenciements pour que les entreprises puissent embaucher, tantôt que la loi avait pour but de faciliter l'emploi des jeunes, et tantôt qu'elle permettrait de réduire les CDD au profit des CDI. Bien que ces justifications soient contradictoires entre elles et ne servent qu'à cacher le vrai but des réformes, réduire les droits des salariés et donner toujours plus de pouvoir aux entreprises, encore faut-il comprendre quel type de population est principalement affectée par ces lois. Ce sont majoritairement ceux qui subissent les délocalisations ou les effets de la robotisation (caisses automatiques, billetteries électroniques, etc.), à savoir les ouvriers et les employés. Ces lois auront donc plus d'impact sur certaines classes sociales que sur d'autres, comme le montrent d'ailleurs les premières applications du texte.

En plus des contrats précaires permettant d'adapter la main-d'œuvre aux besoins saisonniers des entreprises, il fallait désormais aussi faciliter les licenciements pour les salariés en CDI en cas de besoin de compression des coûts (si la conjoncture ne permet pas de tenir les objectifs) et/ou de délocalisation (si la main-d'œuvre est moins chère à l'étranger). Les populations en banlieue étant souvent en moyenne plus jeunes et connaissant des niveaux de chômage plus élevés, les lois « travail » se sont donc attaquées au dernier tronçon qui bénéficiait encore d'un emploi protégé. À la précarité des jeunes et des chômeurs en contrat court, il faut désormais ajouter celle des salariés en contrat à durée indéterminée. Et comme cela semble ne pas suffire, une fois que cette population est plongée dans l'instabilité au travail, il faut également s'attaquer aux aides sociales qui leur permettent de subvenir à leurs besoins.

En juin 2018, Emmanuel Macron déclarait que la France dépensait « un pognon de dingue » dans les aides sociales. Notre président laissait entendre qu'il s'agissait d'argent gaspillé inutilement.

Ces aides sociales sont destinées aux personnes souffrant de handicap, aux personnes désocialisées, aux femmes élevant seules un ou plusieurs enfant(s), aux jeunes peinant à trouver un emploi, aux personnes âgées sans ressources, aux chômeurs de longue durée. Dans le détail, elles représentent environ 70 milliards, soit 3 % du PIB, dont 13 milliards pour les prestations handicapés, 17 pour les minima sociaux, 18 pour les allocations logement, 9 pour les prestations familiales sous conditions de ressources, 8 d'aides locales et 5 pour la prime d'activité. Ces aides, tout comme l'ensemble de notre modèle social, sont efficaces. Elles réduisent les inégalités (qui ont moins augmenté que dans d'autres pays), elles soutiennent les familles pauvres et leurs enfants ainsi que des personnes en situation de handicap. Rappelons qu'en 2016 les prestations sociales (au sens étroit, hors retraites et chômage) représentent 70,4 % du revenu des ménages du premier décile (les 10 % des ménages les plus pauvres)[1]. Tout projet de baisse des dépenses sociales cible donc volontairement une population : les plus pauvres.

On comprend mieux la dynamique d'ensemble qui confine les habitants des banlieues dans leur rôle de main-d'œuvre corvéable à merci, dont les Deliveroo et autres Uber vont pouvoir profiter. La logique est simple : vous commencez par retirer

1. H. Sterdyniak, « Y a-t-il trop d'aides sociales en France ? », *Blog Les économistes atterrés*, 2018.

des moyens à l'éducation alors que la population est plus jeune, ensuite vous retirez des moyens aux services publics notamment à Pôle emploi alors que la population est plus pauvre et plus touchée par le chômage, puis pour la partie qui travaille en CDI, majoritairement ouvriers et employés, vous concoctez une loi « travail » qui permet de licencier plus facilement, enfin vous retirez les aides sociales leur permettant de survivre. Vous obtenez ainsi une population totalement insécurisée prête à travailler à n'importe quel prix.

Et c'est ce qui se passe.

Et personne ne prend la peine de s'en cacher.

Dans une interview donnée à Médiapart le 2 novembre 2016, Emmanuel Macron disait : « Allez à Stains expliquer aux jeunes qui font chauffeur Uber de manière volontaire qu'il vaut mieux aller tenir les murs ou dealer », ajoutant : « Les quartiers où Uber embauche, ce sont des quartiers où on ne sait rien leur offrir », et finissant par : « La réalité est qu'en effet ils travaillent parfois soixante ou soixante-dix heures pour toucher le SMIC. »

Tout est dit.

Mais pour que ces injustices deviennent supportables par les populations, il faut construire une narration autour de la réussite individuelle. C'est ce qu'ont fait les libéraux depuis plus de trente ans, en inventant une fable qu'aucune statistique ne vérifie sur la méritocratie, sur la possibilité de commencer par un emploi précaire pour ensuite gravir les échelons – bref sur l'idée que tout est possible à condition de le vouloir. Cette fable a conquis les esprits, y compris chez les plus pauvres. Or, nous l'avons vu dans le cas de l'école, la réussite scolaire dépend plus du milieu dans lequel on évolue que de ses capacités individuelles. Dans notre pays, il vaut mieux bien naître que bien étudier.

La réalité, c'est que le volontarisme ne pèse pas grand-chose face à la reproduction sociale, et que le discours du mérite est instrumentalisé par des groupes sociaux supérieurs qui aiment faire croire aux plus défavorisés que leur absence de réussite s'explique par leur paresse ou leur manque d'effort. Croire qu'il suffit de vouloir pour pouvoir relève d'une mystification, et même pire, d'une subtile manœuvre de domination.

Personne ne réussit seul. La réussite est avant tout collective, car elle dépend des politiques mises en place, des institutions et du capital productif, humain et social. Les difficultés des habitants des banlieues peuvent être corrigées par la présence d'un service public de qualité et par la mise en place de politiques publiques spécifiques. C'est pourtant l'inverse qui est fait. En faisant le choix d'une politique austéritaire à l'égard des collectivités territoriales, le gouvernement pratique volontairement une forme de discrimination en laissant certaines populations à leur triste sort.

Comme les territoires, la banlieue a vécu les effets négatifs de la mondialisation avec les fermetures d'usines combinées à un retrait de l'État. Mais contrairement aux habitants des territoires qui sont complètement lâchés par nos dirigeants et auxquels s'adresse une narration autour de la « mobilité » (« Pour vous en sortir, quittez votre territoire pour aller vers des zones de croissance »), les habitants des banlieues doivent rester quant à eux la main-d'œuvre peu chère et flexible nécessaire au fonctionnement des centres-villes. D'où l'entretien du mythe d'une possible « réussite individuelle » (« Restez ici mais travaillez – même mal payés – pour réussir »). C'est pour répondre à cet objectif que nos dirigeants mènent une politique qui étrangle financièrement les collectivités territoriales, retire méthodiquement les services publics et casse étape par étape les dernières protections de ces populations.

LA FRANCE DES AGRICULTEURS

Le 23 juin 2016, nous étions invités avec l'économiste Frédéric Farah par la coordination rurale de Bretagne à présenter nos travaux sur le traité transatlantique, appelé communément TAFTA. Nous avions publié deux ans plus tôt un petit livre intitulé *TAFTA : l'accord du plus fort* (éd. Max Milo) qui visait à alerter les citoyens sur les effets négatifs sur l'économie et le climat des accords commerciaux de nouvelle génération. Le palais des congrès de Pontivy était rempli, nous partagions notre conférence avec Marie-Pierre Védrenne, à l'époque directrice de la maison de l'Europe à Rennes et aujourd'hui députée européenne affiliée à En marche.

Les paysans présents étaient très en colère. Je comprenais leur mécontentement, ils vivaient depuis de nombreuses années les effets négatifs des politiques appliquées qui leur enlevaient progressivement toutes les protections tout en les exposant à la concurrence mondiale et à la volatilité des marchés financiers. Ils voyaient les campagnes se vider, les exploitations fermer et, pour leur faciliter la tâche, la Commission européenne prévoyait de signer des traités de libre-échange avec des pays où les modes de production sont plus intensifs, les exploitations plus grandes et les réglementations moins exigeantes. Certes ce petit jeu de mise en concurrence existait déjà, à échelle réduite, à l'intérieur de Europe, où les pays membres se sont lancés dans une compétition sociale et fiscale acharnée. Mais la Commission européenne, plutôt que de régler ses dysfonctionnements internes, n'a rien trouvé de mieux que de déployer une politique commerciale visant à agrandir les marchés en multipliant les accords commerciaux avec le reste du monde.

Pendant notre conférence, je me souviens qu'à chaque démonstration que nous faisions avec Frédéric Farah une femme d'une cinquantaine d'années au premier rang se levait pour nous applaudir avec entrain. Au moment de la séance de dédicaces, cette femme est venue me parler. Elle m'a chaleureusement remercié pour mon travail, elle m'a dit qu'elle était agricultrice avec son mari, qu'elle n'en pouvait plus, qu'elle avait connu des amis qui s'étaient suicidés, elle me tenait le bras, elle avait les larmes aux yeux et la voix tremblante, puis son regard s'est éclairci et elle a fini par me dire qu'elle était engagée au Front national et qu'avec Marine Le Pen tout cela serait fini. Je suis resté silencieux. Frédéric n'a rien dit non plus.

Le lendemain dans le train du retour, nous sommes revenus sur cette conversation. Lui comme moi avons toujours combattu le Front national parce que nous savons que l'ADN de ce parti est raciste et que le reste, la lutte contre le libre-échange et la disparition des services publics – lutte que la gauche social-démocrate a abandonnée il y a bien longtemps –, a seulement pour objectif de séduire les classes populaires et de mieux dissimuler le fond raciste qui est à la base de ce mouvement.

Notre histoire personnelle fait que nous avons une tolérance zéro à l'égard de la xénophobie et de toutes les formes de pensée qui s'y apparentent. Mon père a quitté le Vietnam à l'âge de 14 ans, mon grand-père maternel est italien, et Frédéric Farah est né au Liban et a fui la guerre pour se réfugier en France à l'âge de 7 ans. Mais malgré cela, devant cette dame, nous n'avons rien dit. Je me disais qu'elle devait probablement faire partie de ces gens qui applaudissent les discours contre l'immigration et les amalgames à moitié cachés des dirigeants du Front national, mais paradoxalement j'en voulais plus à la gauche qui était alors au pouvoir, qui venait de voter la loi El Khomri, qui communiait depuis longtemps, comme la droite, avec la mondialisation, la privatisation, la baisse des services publics et la financiarisation de l'économie. Honnêtement, qu'avait fait de mieux François Hollande que Nicolas Sarkozy pour les agriculteurs ? Vingt ans d'alternance droite-gauche qui avaient vu les exploitations fermer, les salaires diminuer et les suicides augmenter. Pourquoi ? Parce que s'occuper de nos agriculteurs suppose de remettre en cause des dogmes comme le productivisme, la mondialisation et la financiarisation de notre économie.

Le productivisme comme seule perspective

Après la Seconde Guerre mondiale, le secteur agricole a été structuré par une politique régulatrice qui garantissait aux producteurs de bénéficier pour certains produits d'un prix minimum. Les années 1990 marqueront le passage d'un secteur agricole régulé par l'État à un secteur régulé par le marché, avec l'adaptation aux normes du commerce international et la disparition des prix garantis. Mais dans les deux cas, marché régulé ou libre, la seule perspective qui s'est imposée aux paysans à partir des années 1950 a été de produire toujours plus grâce à la mécanisation et à l'utilisation croissante de produits phytosanitaires. Or, nous le verrons, c'est l'industrialisation de l'agriculture qui l'a menée à sa perte.

Dans les années 1950, le marché agricole était donc régulé par des prix garantis, notamment sur la betterave et le blé. Ces prix garantis ont été une aubaine pour les agriculteurs qui ont pu, grâce à un environnement plus stable, investir dans des machines pour augmenter la productivité de leurs exploitations. Résultat, la France s'est rapidement retrouvée avec des excédents de betteraves et de blé. Mais la signature du traité de Rome en 1957 et la mise en place de la politique agricole commune (PAC) en 1962 vont permettre de trouver des débouchés en Europe (qui à l'époque ne compte encore que six pays membres : l'Allemagne de l'Ouest, la Belgique, la France, l'Italie, le Luxembourg et les Pays-Bas). L'opportunité de conquérir un marché européen va pousser les agriculteurs français à augmenter encore leurs rendements pour satisfaire ces nouveaux clients. C'est le début du productivisme agricole en France avec la mécanisation, l'augmentation de la taille moyenne des exploitations et la généralisation de l'utilisation de produits phytosanitaires.

Ce tournant vers l'agriculture industrielle n'est pas sans conséquence pour de nombreuses exploitations qui, faute de moyens, disparaîtront ou seront rachetées par de plus grosses. On assiste à une concentration des exploitations agricoles. Ce phénomène de mécanisation va avoir lieu dans toute l'Europe, amenant encore une fois à des excédents de production. Pour s'en sortir, l'agriculture française va essayer de trouver d'autres débouchés au-delà du continent, notamment dans les pays du Golfe et en Afrique. À la concurrence des pays européens va s'ajouter, à partir des années 1980, celle des pays émergents comme le Brésil. Et c'est au même moment que les réglementations des marchés agricoles européens vont commencer à être détricotées. La dynamique semble sans fin : l'ouverture à d'autres marchés impose d'être plus compétitif, donc d'avoir des exploitations plus grandes, plus mécanisées, et d'utiliser plus de pesticides. La seule logique est celle du productivisme et de la recherche de débouchés à l'exportation. Mais paradoxalement, cette industrialisation de l'agriculture, en plus de provoquer des dégâts environnementaux importants, s'est accompagnée d'un appauvrissement des agriculteurs.

Dans son livre *L'Économie du réel*, l'économiste David Cayla présente ce paradoxe comme la malédiction des agriculteurs[1]. Il y explique que le marché agricole n'est pas un marché comme les autres et que la demande globale est beaucoup moins élastique au prix. Il est vrai qu'il est possible qu'un consommateur se rabatte sur du bœuf si le prix du porc augmente ou sur le concombre si le prix des tomates augmente, mais, dans son ensemble, la consommation de produits agricoles varie très peu lorsque les prix baissent car un humain, une fois ses besoins nutritionnels satisfaits, n'a aucune raison de consommer plus.

En résumé, ce n'est pas parce que des pommes coûtent deux fois moins cher que vous allez en manger deux fois plus.

Lorsqu'un agriculteur mécanise son exploitation, il abaisse considérablement le coût de production et donc le prix mais cette baisse n'engendre qu'une faible augmentation des quantités de biens vendues pour les raisons évoquées ci-dessus. Au final, plus les agriculteurs se mécanisent, plus ils produisent efficacement, et plus leur chiffre d'affaires baisse (puisque les quantités n'augmentent pas ou très peu)…

1. D. Cayla, *L'Économie du réel*, De Boeck, 2018, p. 20-23.

Sur un marché mondialisé, la mécanisation globale, combinée à la compétition sociale et fiscale que se mènent les États, fait baisser les prix plus fortement que les quantités n'augmentent. Pour tenir la concurrence, les agriculteurs sont obligés de se serrer la ceinture et les exploitations les plus faibles finissent par disparaître. On se demande, dans ces conditions, quel est l'intérêt de la Commission européenne d'ouvrir encore plus les marchés en faisant la promotion de traités de libre-échange de nouvelle génération (comme le CETA), vers des pays ayant une agriculture plus industrialisée que la nôtre, si ce n'est précipiter nos agriculteurs dans le gouffre.

La financiarisation des matières premières complique les choses

Jusqu'en 2000, le prix des matières premières était principalement déterminé par les fondamentaux physiques (l'offre et la demande). Anticiper l'évolution des prix n'était pas simple. Il fallait une compréhension solide des déterminants de l'offre et de la demande, laquelle suppose des connaissances économiques (pour prévoir la croissance économique) et géopolitiques (pour anticiper les tensions entre pays et les éventuelles sanctions), auxquelles il faut ajouter la prise en compte d'éléments aléatoires comme les phénomènes météorologiques ou les accidents affectant les récoltes. C'est la raison pour laquelle, pendant de nombreuses années, les agriculteurs ont exigé des prix garantis pour être protégés des aléas des fluctuations du marché. Mais, bizarrement, ces prix garantis vont être progressivement abandonnés au moment même où les agriculteurs vont être exposés à la mondialisation et à la financiarisation des marchés des matières premières. En résumé : les protections ont été levées quand les agriculteurs en avaient le plus besoin.

Tout commence à partir de 2000, quand les fonds de pensions, les fonds souverains et les assureurs commencent à s'intéresser aux marchés des matières premières. Pour faciliter la tâche à ces nouveaux investisseurs, les banques d'investissement conçoivent des produits financiers composés de paniers de contrats dérivés de matières premières dont les deux plus importants sont le Goldman Sachs Commodity Index et le Dow Jones UBS.

Le Goldman Sachs Commodity Index est construit à partir de vingt-quatre composantes, dont 68,75 % sont des matières premières énergétiques (comme le pétrole et le gaz), 7 % des métaux industriels (comme le zinc, l'aluminium ou le nickel), 3,77 % des métaux précieux (comme l'or ou l'argent) et 15,47 % des produits agricoles (comme le sucre, le cacao, le soja ou le blé).

Le problème, c'est qu'en mettant dans un même produit financier vingt-quatre produits qui dépendent de fondamentaux différents – c'est-à-dire de modes de production et de consommation différents – on crée une classe d'actifs homogènes[1]. Désormais, les prix du sucre, du cacao ou du soja sur les marchés financiers sont non seulement liés entre eux mais également liés à ceux du pétrole ou de l'or. Alors que, fondamentalement, ces productions, tant techniquement que géographiquement, n'ont rien à voir entre elles. Ces produits financiers ont juste été créés pour faciliter la vie des investisseurs, pas celle des agriculteurs.

Des centaines de milliards vont alors être investis sur les marchés des matières premières qui vont se relier au cycle d'investissements « moutonniers », à la hausse comme à la baisse, des

1. R. H. Boroumand, S. Goutte, S. Porcher et T. Porcher, « Correlation evidence in the dynamics of agricultural commodity prices », *Applied Economics Letters*, vol. 21, n° 17, 2014, p. 1238-1242.

marchés financiers[1]. Les travaux de Steve Ohana, professeur de finance à l'ESCP Europe, montrent par exemple que les flux d'investissement vers les matières premières explosent après chaque annonce de politique monétaire expansionniste aux États-Unis et que les matières premières restent sujettes à des fluctuations bipolaires particulièrement imprévisibles[2].

Le développement du trading algorithmique qui représente aujourd'hui 50 à 60 % des opérations et qui permet d'effectuer des opérations extrêmement rapidement – jusqu'à parfois deux mille opérations par seconde – va amplifier la volatilité à la hausse comme à la baisse des prix et faciliter la formation de bulles et de krachs. Ces mécanismes financiers sont totalement déconnectés de la réalité, c'est-à-dire de ce que vivent les agriculteurs et les consommateurs de biens

---

1. B. Guilleminot, J.J. Ohana et S. Ohana, « The interaction of speculators and index investors in agricultural derivatives markets », *Agricultural Economics*, 2014.

– R. H. Boroumand, S. Goutte, S. Porcher et T. Porcher, « Jumps and volatility dynamics in agricultural commodity spot prices », *Applied Economics*, vol. 49, n° 40, 2017, p. 4035-4054.

2. B. Guilleminot, J.J. Ohana et S. Ohana, *Les nouveaux modes d'investissement sur les marchés dérivés de matières premières agricoles*, Étude commanditée par le centre d'études et de prospective du ministère de l'Agriculture, de l'agroalimentaire et de la forêt (MAAF), décembre 2012.

agricoles. Par exemple, les prix du blé dépendent plus des comportements spéculatifs des investisseurs que des coûts de production. À l'échelle d'un mois voire d'une année, les fondamentaux ne parviennent plus à expliquer les fluctuations des prix des matières premières qui sont de plus en plus excessives[1].

La transformation des produits agricoles en un produit financier est dangereuse. Alors que la production agricole nécessite du temps et des investissements sur le long terme, les prix déterminés sur les marchés financiers sont de plus en plus déconnectés des fondamentaux et fluctuent sauvagement. Cela complique d'autant plus la visibilité sur les prix que les agriculteurs négocient tous les ans des prix de vente avec les transformateurs et les distributeurs. Or, compte tenu de l'extrême concentration des mastodontes de la transformation et de la distribution, le rapport de force est déjà complètement déséquilibré. L'agriculture n'est pas un secteur comme les autres. Elle soulève des questions liées à l'autosuffisance alimentaire, à la santé publique, au bien-être animal et à l'environnement. Autant de choses qui

1. S. Ohana et T. Porcher, « La spéculation sur les matières premières démythifiée », *La Tribune*, 18 mai 2011.

ne devraient pas être offertes à la concurrence internationale et aux marchés financiers devenus illisibles et instables.

LA FRANCE DES CADRES DÉCLASSÉS

Il m'arrive souvent de croiser d'anciens étudiants. Il faut dire que cela fait plus de quinze ans que j'enseigne. J'ai commencé en 2004 par être chargé de travaux dirigés en théories économiques en première et deuxième année de licence à Tolbiac lorsque j'écrivais ma thèse. Puis, une fois mon doctorat en poche, à l'instar de nombreux jeunes docteurs de mon époque, j'ai multiplié les cours en attendant un poste fixe. Entre 2006 et 2011, date à laquelle j'ai obtenu un poste de professeur associé et chercheur, j'ai dû voir chaque année défiler plus de mille étudiants. À tel point que j'ai même découvert que j'avais eu parmi eux le fils de mon voisin de palier il y a huit ans et la fille du gardien d'immeuble de mes parents il y a dix ans…

Chaque fois que je croise un ancien élève, on échange toujours quelques minutes sur son parcours professionnel. J'ai été assez frappé par le nombre d'entre eux m'ayant annoncé qu'ils avaient changé de voie. J'ai été également surpris de voir certaines personnes dénigrer d'entrée de jeu leur métier ou leur secteur professionnel. Une ancienne étudiante m'a ainsi avoué : « Je travaille à la Défense, la honte. » Enfin, il m'est arrivé également de recevoir des messages d'anciens étudiants sur les réseaux sociaux me présentant leur nouveau projet de vie après une carrière en entreprise. Le dernier était titulaire d'un master de finance et il me disait vouloir arrêter la banque pour acheter une ferme et cultiver ses légumes. Ce nouveau mal-être des jeunes diplômés est un phénomène récent qui a été traité dans plusieurs livres comme *La Révolte des premiers de classe* de Jean-Laurent Cassely ou *Bullshit jobs* de David Graeber.

Dans les années 1990, lorsque j'étais étudiant, le Graal était d'obtenir un poste dans un grand groupe. Travailler à la Défense était prestigieux et les grandes écoles faisaient en sorte de préparer leurs étudiants au monde de l'entreprise. Les universités publiques, traditionnellement lieux de savoirs théorique et scientifique, ont même dû s'adapter en professionnalisant leurs cours et leurs cursus, notamment via l'apparition de licences professionnelles et de masters en alternance.

Comment expliquer que de jeunes diplômés n'arrivent pas à s'épanouir dans leur travail de cadre ? La raison est à aller chercher dans deux phénomènes. Le premier est une forme de déclassement dû d'un côté à la hausse du coût de la vie, notamment des prix de l'immobilier, et de l'autre à la financiarisation de l'économie, qui a entravé la progression des revenus (pour préserver les actionnaires) tout en imposant un rendement du travail de plus en plus intense. Le deuxième est le questionnement sur le sens du travail, qui porte autant sur l'utilité de la mission demandée que sur celle de l'entreprise pour laquelle elle est effectuée.

Des cadres déclassés

Disons-le d'emblée, en comparaison avec la France des Gilets jaunes, des banlieues ou des agriculteurs, les cadres sont ceux qui vivent la situation la moins difficile. Ils sont moins confrontés au chômage grâce à leur niveau de diplômes élevé, ils ne sont pas autant sujets aux délocalisations et ils se situent dans le premier quartile de la répartition des revenus (même si désormais les salaires d'entrée se situent plutôt à la limite des 30 %). Néanmoins, il serait faux de dire qu'ils ne subissent pas les effets de la financiarisation de l'économie, de la mondialisation et de l'austérité budgétaire.

Dans *L'Archipel français*, Jérôme Fourquet rappelle que la densité des cadres français vivant au cœur des métropoles n'a cessé de se renforcer, entraînant un recul de la mixité sociale et de facto un séparatisme des classes supérieures. L'auteur cite le cas emblématique de Paris où les cadres et les professions intellectuelles représentaient 46,4 % de la population active en 2013 contre 33 % en 1990[1].

Mais ce phénomène peut être analysé également comme une forme de séparatisme subi. Les trois quarts des jeunes managers trouvent leur premier emploi en région parisienne, contre seulement 42 % pour les ingénieurs[2]. La comparaison montre bien que ce sont les opportunités d'emplois qui déterminent l'installation. Or, le fait que l'Île-de-France soit la première pourvoyeuse d'emplois pour les jeunes managers n'est pas sans conséquence sur leur qualité de vie. Le salaire brut annuel moyen hors primes d'un manager débutant est de 34 947 euros, soit 2 242 euros net par mois.

1. J. Fourquet, *L'Archipel français*, *op. cit.*, p. 94-95.

2. Conférence des grandes écoles, « L'insertion des diplômés des grandes écoles », *Résultats de l'enquête 2018*, juin 2018.

Certes ce salaire est déjà, en début de carrière, supérieur à ce que gagnent 70 % des salariés en France mais, en région parisienne, il permettra tout juste au jeune diplômé de louer un studio de vingt-cinq mètres carrés dans Paris ou un deux-pièces en banlieue.

À cela, il faut ajouter la différence importante entre hommes et femmes : un homme commence à 36 224 euros contre 33 780 euros pour une femme. La situation des femmes est encore plus difficile pour trouver un logement dans un marché en Île-de-France extrêmement compétitif.

Enfin, le plus frappant, et qui conforte le sentiment de déclassement des cadres, est la baisse de rémunération des jeunes diplômés (qu'ils soient managers ou ingénieurs) ces dix dernières années. Exprimées en euros constants, les rémunérations moyennes hors primes des managers ont baissé de 3,9 % et celles des ingénieurs de 0,5 % entre 2005 et 2018[1]. Cette baisse est d'autant plus perceptible que les prix de l'immobilier, eux, ne cessent d'augmenter. Si l'on compare l'évolution des salaires à celle des prix de l'immobilier, le pouvoir d'achat des salariés a baissé depuis quinze ans[2]. La qualité

1. *Ibid.*

2. P. Artus et M.-P. Virard, *Et si les salariés se révoltaient ?*, Fayard, 2018, p. 104.

de vie des cadres est prise en étau entre des rémunérations qui baissent d'un côté et, de l'autre, des prix de l'immobilier qui flambent et qui les obligent à consacrer une part de plus en plus en importante du budget mensuel à ce poste. À cela s'ajoute pour certains des prêts étudiants à rembourser. Sans apport (donc sans l'aide des parents), les perspectives d'accès à la propriété sont de plus en plus limitées. Cela explique probablement, dans les grandes villes, l'augmentation du nombre de jeunes entre 25 et 30 ans vivant chez leurs parents alors qu'ils ont un emploi.

En réalité, à part une minorité qui travaille dans des secteurs de pointe, la grande majorité des cadres est en train de subir un déclassement. Comme l'explique le sociologue Alain Pichon, une partie significative des cadres rejoint les conditions salariales des professions intermédiaires et de certains employés[1]. Dans le même temps, on assiste de plus en plus à une polarisation de l'emploi en France, c'est-à-dire à la déformation de la répartition de l'emploi, laquelle prend la forme d'un U où les emplois situés aux deux extrémités du degré de qualification (les très qualifiés et les

1. « Beaucoup de cadres vont être déclassés », Interview Alain Pichon, France Info, 22 février 2012.

très peu qualifiés) augmentent quand les emplois intermédiaires diminuent[1].

Le déclassement des cadres annonce souvent l'élimination de leur poste comme le montrent les nombreuses fermetures d'agences bancaires. Au total, plus de 44 000 postes devraient être supprimés dans les banques européennes à cause du virage du numérique et de la baisse de fréquentation des agences.

Coincés entre la direction et la base, les cadres subissent également les effets de la financiarisation de l'économie. Avec la logique actionnariale, les stratégies des entreprises se sont considérablement transformées. Désormais la priorité est de distribuer des dividendes aux actionnaires. Et les rémunérations des cadres surqualifiés sont indexées à celles des actionnaires via des stock-options, afin d'aligner les intérêts des premiers sur les deuxièmes. Les actionnaires exigent des rendements beaucoup plus élevés – 5, 10, 15 ou 25 % – que la croissance de l'activité réelle – autour de 1,5 %. Les cadres qui sont au cœur de la gestion de l'entreprise doivent donc augmenter

1. H. Baudchon, « Polarisation de l'emploi en France : quelle ampleur ? », *Eco conjoncture*, Economic Research BNP Paribas, septembre 2019.

les cadences et répercuter sur leurs équipes les objectifs à tenir pour satisfaire les actionnaires. Stress, burn-out, malaise au travail, connexion pendant les jours de repos sont autant de conséquences liées à la gestion actionnariale de l'entreprise. L'enquête sur les conditions de travail révèle que 27 % des salariés se disent stressés[1]. La pression serait due aux nouvelles organisations déployées à partir des années 1980 mais également aux nouvelles technologies qui rendent plus difficile la séparation entre la vie professionnelle et la vie privée.

Pour les autres cadres – ceux qui ne sont pas surqualifiés –, outre les objectifs difficilement tenables imposés par les « super-cadres », ils sont sujets à la stagnation ou à la faible augmentation de leur rémunération ainsi qu'au chantage à la délocalisation, notamment en Europe du Sud ou de l'Est.

Enfin, les injonctions de la Commission européenne à libéraliser et à privatiser les entreprises publiques ont amené des réorganisations qui, en plus d'être souvent inefficaces pour l'entreprise, ont été douloureuses pour les salariés. Le cas de

1. A.-M. Nicot, « Enquête européenne sur les conditions de travail : des marges de progrès importantes pour la qualité de vie au travail en France », *Les Cahiers de la capitalisation*, Anact, mars 2017.

la privatisation de France Télécom est devenu célèbre. Les plans de réorganisation NExT (nouvelle expérience des télécommunications) et ACT (anticipation et compétences pour la transformation) avaient pour but de supprimer 22 000 postes sans licenciement (puisqu'il était impossible de procéder à des licenciements de fonctionnaires pour motifs économiques). 22 000 postes sur les 110 000 que comptait l'entreprise, soit presque 1 salarié sur cinq ! Ces plans se sont traduits, selon le dossier judiciaire, par « une politique d'entreprise visant à déstabiliser les salariés et agents et à créer un climat anxiogène ». Ce management par la terreur, comme l'avait évoqué un technicien marseillais, entraînera plusieurs dizaines de suicides de salariés. Sur les seules années 2008 et 2009, on en comptera trente-cinq[1]. Issues des systèmes de production de Toyota, ces techniques de « lean management », qui visent à « dégraisser » la production, ont, derrière une consonance moderne, un but simple : produire plus avec moins de personnel. Or, pour produire plus avec moins de salariés, il faut exercer une pression sur les salariés restants.

1. « Suicides à France Télécom : l'article à lire pour comprendre pourquoi Orange se retrouve devant la justice », France Info, 6 mai 2019.

France télécom n'est pas un cas isolé. La direction de la SNCF pratique aussi un management ultra-agressif à l'égard des cheminots. Depuis 2017, plus d'une cinquantaine de cheminots se sont suicidés.

La grande hypocrisie de notre société est de faire comme si les burn-out, le malaise au travail ou les suicides étaient les conséquences de problèmes individuels et non pas structurels. La solution à la souffrance au travail se trouverait donc dans le développement personnel. Un dossier de *L'Express entreprise* consacré au développement personnel débutait par les mots suivants : « Apprendre à gérer ses émotions ou certains traits de sa personnalité, développer son intuition, prendre confiance… À l'aide de conseils d'experts et d'exercices, notre dossier vous donne les clés pour mieux vous connaître et gagner en sérénité au travail[1]. » Sur la misère des salariés se développe ainsi un autre business, amenant à toutes sortes de séminaires débiles (yoga, relaxation, méditation, etc.) servant à masquer le fond du problème, celui qui consiste à faire peser sur les salariés tous les ajustements avec la complicité de l'État qui vote des lois visant

1. « Développement personnel : conseils et exercices », *L'Express*, 2016.

à retirer des protections légales aux salariés et encourage les privatisations et les restructurations qui s'ensuivent.

Une quête de sens

Dans son best-seller mondial *Bullshit jobs*, David Graeber montre, en s'appuyant sur des enquêtes et des témoignages, que les nouveaux métiers de services, principalement dans l'administration de bureau, le consulting, le management, l'information ou la comptabilité, sont inutiles et que, de l'avis des salariés eux-mêmes, leur disparition ne changerait rien à la face du monde. Ces emplois inutiles sont appelés « Bullshit jobs » ou « boulots à la con ».

La thèse de l'auteur est que les 1 % de la population qui contrôlent la majorité des richesses peuvent définir et imposer au reste de la population les tâches qu'ils jugent « utiles » ou « importantes ». Il constate que les emplois vraiment utiles comme infirmière, professeur ou chauffeur de bus sont aujourd'hui dévalorisés et mal payés quand d'autres, inutiles, sont valorisés et mieux payés. Ce système de multiplication des « boulots à la con » s'intègre aussi selon Graeber dans une dynamique plus globale ayant pour but de maintenir

« un consumérisme compensatoire ». L'auteur note que « nous avons opté pour la consommation au détriment du temps libre » et que « suivre un cours de yoga, commander à dîner chez Deliveroo ou regarder un épisode de Game of Thrones » sont des activités qui s'insèrent dans une journée de travail. Pour lui, les conséquences d'une telle organisation du monde du travail sont la dépression ou d'autres formes de pathologies mentales pour ceux qui exercent ces emplois inutiles, mais également une forme de jalousie, entraînant suspicion et agressivité envers les personnes effectuant des métiers plus généreux sur le plan moral, comme les enseignants ou les personnels hospitaliers. David Graeber en appelle à une révolte du salarié moderne et à une vaste réorganisation des valeurs du travail[1].

Le succès du livre de Graeber met en lumière le malaise d'une génération en quête de sens. Désormais, les diplômés qui occupent des places dans les postes de nouveaux services (marketing, informatique, etc.) questionnent le bien-fondé et l'utilité de leur contribution. D'autres livres, comme *La Révolte des premiers de classe* de Jean-Laurent Cassely, analysent ce phénomène via la reconversion des jeunes cadres vers un travail manuel. La

1. D. Graeber, *Bullshit jobs*, Les liens qui libèrent, 2018.

recherche de sens et la remise en question des modes de production et de consommation actuels sont les motivations de ces reconversions. Les études confirment cette tendance : selon le cabinet Accenture, 92 % des diplômés de 2016 estiment important de travailler dans une entreprise socio-responsable.

Ce phénomène est corrélé à celui du déclassement que nous venons de voir plus haut. En effet, un « boulot à la con » restera acceptable s'il est bien rémunéré. À partir du moment où les rémunérations baissent, où les cadences et les contrôles augmentent, l'absence d'utilité du travail devient flagrante et de moins en moins supportable. Un jeune salarié se dira : « À ce salaire, autant faire un travail qui a un sens. »

Sur ces questions, un fossé générationnel s'est clairement creusé entre l'ancien monde (celui qui recrute) et le nouveau (les jeunes diplômés). Même si le monde de l'entreprise, voyant les générations Y et Z comme détentrices des clés de la transformation numérique, a tenté de récupérer leurs codes et de transformer à la marge, surtout dans la forme, l'organisation de l'entreprise (des espaces de loisirs ont été aménagés à côté des machines à café, les formes traditionnelles de surveillance ont été remplacées par d'autres types de contrôle, les noms des postes ont été modifiés pour donner l'impression d'une absence de hiérarchie), le but de l'entreprise reste le même que dans la conception de Ford, à savoir réaliser un maximum de profits.

Or, désormais, les jeunes sont beaucoup plus conscients que ma génération – celle ayant fait des études dans la décennie de la « mondialisation heureuse », entre 1990 et 2000 – des limites du système. Les grands groupes sont des multinationales qui pratiquent l'optimisation fiscale alors que les hôpitaux et l'éducation manquent de moyens. Ils contribuent également fortement au réchauffement climatique – cent multinationales seraient responsables de 71 % des émissions mondiales de gaz à effet de serre[1]. Il y a aujourd'hui dans l'inconscient collectif cette idée que les multinationales ne servent qu'elles-mêmes, que les salariés ne font pas partie d'un projet commun mais sont des tâcherons interchangeables, enfin que la crise climatique n'est pas prise au sérieux mais s'insère dans une stratégie marketing.

Hormis certains postes ultra-qualifiés dans des secteurs de pointe, les cadres d'aujourd'hui sont en train de subir le sort des employés et des ouvriers. Confrontés à la concurrence internationale et à la

1. P. Griffin, *The carbon majors database*, CDP Report, juillet 2017.

pression de la logique actionnariale, ils voient leur revenu diminuer tout en voyant leurs conditions de travail se dégrader. À cela s'ajoute une perte de sens dans les métiers. Trop souvent, les cadres sont présentés comme les élites de la mondialisation, cette image est fausse et très loin de ce que vivent aujourd'hui la majorité d'entre eux.

Entre la France des Gilets jaunes, celle des cadres, celle des agriculteurs et celle des banlieusards, il y a bien sûr des différences géographiques, sociales, éducatives et culturelles énormes. Néanmoins, tous subissent, à différents niveaux, les effets négatifs de la mondialisation, de la financiarisation de l'économie et de l'austérité budgétaire.

Le duo mondialisation-financiarisation a agi comme un rouleau compresseur pour les salariés des usines (en banlieue et en province) et pour les agriculteurs. La mise en concurrence avec des unités de production à l'étranger et la logique actionnariale ont exercé une pression sur les salariés afin qu'ils soient plus productifs que leurs voisins, sous peine de subir la délocalisation de leur usine. L'État, plutôt que de se ranger du côté des travailleurs, a accompagné ce mouvement en flexibilisant de plus en plus le marché du travail (pas moins de dix-sept réformes sur la protection de l'emploi entre 2000 et 2013 ; cent soixante-cinq sur les champs relatifs au marché du travail[1] – assurance chômage, minima sociaux, etc.), transformant le salarié en meuble que l'on peut déplacer ou jeter pour préserver la marge des actionnaires. Les ouvriers ont été les premières victimes, puis rapidement les employés, et depuis quelques années les cadres les moins qualifiés.

Les agriculteurs ont certes profité de la mondialisation dans un premier temps en trouvant des débouchés au Moyen-Orient ou en Afrique, mais ils ont rapidement subi la pression de la concurrence internationale les entraînant dans une course à la mécanisation qui n'améliore en rien leur qualité de vie, bien au contraire (nous l'avons vu : plus ils produisent efficacement et plus leur chiffre d'affaires baisse). La financiarisation des marchés des matières premières à partir des années 2000 a rendu les prix imprévisibles et complètement détachés des fondamentaux, compliquant encore plus les prévisions de recettes et les choix d'investissement des agriculteurs. Comme dans le cas des salariés, l'État s'est rangé du côté de la finance et de la

1. A. Fretel, « Réformes du marché du travail : que disent les "exemples" étrangers ? », *Chronique internationale de l'IRES*, n° 155, septembre 2016.

mondialisation en abandonnant progressivement les prix garantis.

La mondialisation et la financiarisation sont des projets qui ont été promus par les élites politiques (de gauche comme de droite), le patronat et la technocratie étatique avec comme promesse un meilleur niveau de vie pour tous. Elles ont surtout déstabilisé et insécurisé des pans entiers de la société française. Et l'État n'a fait qu'aggraver ce phénomène en réduisant les protections des salariés et des agriculteurs et en affaiblissant les services publics.

Si la France est certes une nation multiple, il est dans son intérêt de comprendre qu'elle ne doit pas être divisée. Il faut sortir de cette instrumentalisation qui veut que le bonheur soit à somme nulle, c'est-à-dire qu'on ne peut connaître une amélioration de sa vie qu'au détriment de celle d'un autre. Cette logique vise à diviser et à opposer des catégories de Français de manière horizontale alors que le problème est clairement vertical : il vient d'un système qui est imposé par le haut et pas par le fait que certains soient moins désavantagés que d'autres (car dans l'ensemble toutes les catégories de Français que nous venons de citer sont concernées négativement).

La base d'un nouveau projet de société plus humain (c'est-à-dire assurant à chacun un niveau de vie convenable dans un environnement plus sain) nécessite de redéfinir un autre cadre au fonctionnement de notre économie que celui imposé par le triptyque mondialisation-financiarisation-austérité.

PARTIE II :

REMETTRE L'ÉCONOMIE AU SERVICE DE L'HUMAIN : COMMENT S'Y PRENDRE ?

PRENDRE LA QUESTION DE L'IMMIGRATION PAR LE BON BOUT

Actuellement en France, aucune question n'est plus clivante que celle de l'immigration. Des théories fumeuses comme le grand remplacement à la surévaluation du coût pour le budget de l'État en passant par la mise en avant des risques terroristes, la confusion est savamment entretenue par les marchands de peur et par les médias qui ouvrent pléthore de tribunes aux tenants de ces thèses. La réalité des chiffres est pourtant très éloignée de ces fantasmes, et l'instrumentalisation de l'immigration vise souvent à stigmatiser des Français d'origines étrangères et de confession musulmane.

Aucun débat serein sur la question n'est possible tant l'imbroglio sur les définitions, les prévisions et les conséquences de l'immigration a été confisqué par deux camps : celui qui défend la libre circulation et l'ouverture des frontières, et l'autre qui veut se protéger en les contrôlant plus sévèrement (par des critères quantitatifs – les quotas – ou qualitatifs – la distinction entre réfugiés et migrants économiques) voire en les fermant purement et simplement.

Ces deux camps partent du principe que l'immigration est un phénomène qui ne peut que s'amplifier avec la démographie très dynamique des pays en développement et les conséquences du réchauffement climatique. Par conséquent, ils situent essentiellement le débat sur l'accueil des migrants. Aucun de ces deux camps ne s'interroge sur les causes structurelles qui provoquent l'immigration (échange inégal, austérité budgétaire, guerres).

D'un côté, l'extrême droite (et même une partie de la droite et de LREM), favorable à la fermeture des frontières, a tout intérêt à entretenir la confusion et la peur pour ensuite jouer la carte des « pragmatiques non racistes » (alors qu'il s'agit plutôt de « racistes pragmatiques »).

De l'autre, le « camp du bien » invoque à juste titre des raisons morales et humanistes pour justifier l'accueil des migrants, mais sans se poser d'autres questions, comme si l'inégalité Nord-Sud était naturelle.

Au milieu de ce débat sans nuance existe pourtant une troisième voie, celle qui, en aval, exige un accueil de qualité mais qui, en amont, veut remettre en cause les facteurs structurels qui provoquent l'émigration. Cette troisième voie cesse de considérer l'immigration comme un phénomène naturel (amené à augmenter continuellement) mais conteste les règles du commerce mondial qui organisent le pillage des ressources des pays les plus pauvres, le manque d'accès au financement qui condamne l'activité économique et les plans d'ajustements structurels du FMI qui imposent privatisations et baisse des services publics.

En dehors des guerres, les premières causes de l'immigration sont les règles économiques. Comme le disait l'ex-député italien très engagé sur les questions migratoires, Jean-Leonard Touadi, dans une interview donnée au *Monde* après une tragédie au large de Lampedusa : « Ces morts nous interpellent au plus profond des ressorts éthiques, économiques, géopolitiques et culturels de nos sociétés. Il y a une sorte de gigantesque refoulement. On ferme les yeux sur ce drame car les ouvrir signifierait qu'il faut s'interroger sur nos responsabilités par rapport au modèle économique, aux échanges inégaux entre nos sociétés et ces pays, à une globalisation de l'injustice qui n'a pas suivi la globalisation des flux financiers et des marchés[1]. »

1. « Naufrage à Lampedusa : C'est un drame immense qui se joue dans l'indifférence », *Le Monde*, 4 octobre 2013.

L'instrumentalisation du débat

Un premier fantasme relève de la différence entre immigration perçue et immigration réelle. Selon un sondage, les Français évalueraient l'immigration à 23,5 % de la population. Or dans les faits, elle représenterait 8,8 %[1]. Ce problème de discernement est dû à la confusion volontairement entretenue par la droite et l'extrême droite entre Français d'origine étrangère et migrants. L'immigration est souvent utilisée comme un cheval de Troie pour déployer un racisme à l'égard d'une catégorie de Français en raison de leurs origines, de leur couleur de peau ou de leur religion. Pour reprendre l'expression du sociologue Smaïn Laacher, il y a « des Français qui n'en finissent pas d'être immigrés » et, dans ce cas, leur nationalité française ne les protège pas des discriminations dues à leur patronyme ou à leur couleur de peau[2]. Les questions autour de l'intégration et de l'identité nationale visent, de manière détournée, ces populations. Or, concrètement, c'est un non-sens de demander à des Français de s'intégrer, et il

1. ATD Quart Monde, *En finir avec les idées fausses sur les pauvres et la pauvreté*, Les éditions de l'atelier, 2016, p. 110.

2. L. Bantigny, *La France à l'heure du monde. De 1981 à nos jours*, Seuil, 2019, p. 354.

serait temps que ceux qui ne les considèrent pas comme tels à part entière le comprennent.

L'autre fantasme est celui de l'invasion des migrants – surtout ceux venant d'Afrique. La dernière prévision ayant connu un retentissement médiatique et institutionnel important (compte tenu du nombre de récompenses obtenues) provient de l'essayiste et journaliste Stephen Smith. Dans son livre *La Ruée vers l'Europe. La jeune Afrique en route pour le Vieux Continent*, l'auteur s'essaie maladroitement à la compilation de données et arrive à la conclusion qu'en 2050 l'Europe sera peuplée à 25 % d'immigrés subsahariens.

De nombreuses critiques ont été émises sur l'absence de rigueur méthodologique de l'auteur. Le professeur au Collège de France François Héran démontre par exemple dans un article pour la revue *Populations et sociétés* que le scénario de Smith ne tient pas la route et que l'ordre de grandeur le plus réaliste est cinq fois moindre. Selon lui, les migrants subsahariens occuperont certes une place grandissante dans les sociétés du Nord mais resteront très minoritaires : environ 4 % de la population[1]. François Héran indique entre autres que la prophétie de Stephen Smith repose

1. F. Héran, « L'Europe et le spectre des migrations subsahariennes », *Populations et sociétés*, n° 558, septembre 2018.

sur un modèle de vases communicants qui omet plusieurs points importants, comme le fait que la population d'Afrique subsaharienne, en raison de sa pauvreté, émigre peu, et que lorsqu'elle émigre, elle le fait à 70 % vers d'autres pays subsahariens. Le manque de rigueur de Stephen Smith, ainsi que ses références peu critiques à Maurice Barrès, Robert Kaplan, Renaud Camus, Samuel Huntington ou Michel Houellebecq ne l'ont pas empêché d'être cité par le président Emmanuel Macron et de recevoir des mains du ministre des Affaires étrangères le Prix du livre géopolitique 2018[1]. Cet engouement pour ce livre qui offrait une validation « officielle » aux pires thèses de l'extrême droite a eu le mérite de confirmer au grand jour que l'immigration est surtout un problème quand elle concerne les Africains.

Le camp favorable à l'ouverture des frontières ne se pose pas la question des prévisions de Stephen Smith et situe le débat sur le plan de la morale. D'autres avancent l'argument des bienfaits de l'immigration pour le pays d'accueil[2]. Ce

1. S. Lietaer, « Stephen Smith, *La Ruée vers l'Europe. La jeune Afrique en route pour le Vieux Continent* », *Belgeo Revue belge de géographie*, n° 1, 2018.

2. Le débat est vif entre économistes, avec d'un côté l'économiste et professeur à Berkeley David Card qui affirme que les immigrés créent des emplois qui s'ajoutent à ceux déjà existants

qui m'embête, c'est le manque de discussions sur les causes de l'immigration, comme si s'attaquer aux causes signifiait ne pas vouloir d'immigrés[1]. Ce n'est pas du tout le sujet, le sujet est d'intégrer que l'immigration subie, même avec un bon accueil, est une souffrance.

C'est une souffrance de quitter son pays, quelle qu'en soit la raison (guerre ou raison économique), et la vie dans le pays d'accueil est loin d'être un long fleuve tranquille. Les immigrés ont des emplois difficiles et mal payés que les Français ne veulent plus exercer et ils sont séparés de leur famille pendant plusieurs années. L'histoire des « chibanis », ces travailleurs du Maghreb venus

---

sans affecter la situation des travailleurs des pays d'accueil, et de l'autre l'économiste et professeur à Harvard George Borjas qui argue que les migrants font baisser les salaires des travailleurs des pays d'accueil. Selon Daniel Cohen, la plupart des économistes se rangent derrière Card mais au terme du raisonnement suivant : l'arrivée des migrants fait baisser les salaires mais cela n'affecte pas les autochtones dans la mesure où ils abandonnent ceux-ci pour en occuper d'autres mieux rémunérés. Voir D. Cohen, *Il faut dire que les temps ont changé… Chronique (fiévreuse) d'une mutation qui inquiète*, Albin Michel, 2018, p. 139-140.

1. Soyons clair, sur le fait d'offrir un accueil décent aux migrants, je serai toujours avec les pétitionneurs et autres signataires de tribunes (d'ailleurs j'en ai signé énormément sur ce sujet). Le climat actuel est détestable et, même si ces pétitions n'ont quasiment plus aucun effet, elles permettent de montrer qu'il y a effectivement une France qui refuse de se plier au discours de l'extrême droite.

en France durant les Trente Glorieuses, est sur ce point très émouvante, tout comme les témoignages de ces jeunes Grecs obligés d'émigrer à cause des politiques d'austérité imposées par la troïka – Commission européenne, Banque centrale européenne (BCE) et Fonds monétaire international (FMI) – qui ont ruiné l'économie de leur pays.

Pour l'avoir vécu dans ma famille, je suis conscient qu'il n'y a pas d'immigration sans douleur, y compris lorsque l'accueil se fait dans les meilleures conditions. Je l'ai constaté à 8 ans lorsque ma grand-mère et sept de ses enfants ont quitté le Vietnam pour rejoindre la France. Mon père avait 33 ans à l'époque et vivait en France depuis vingt ans. Il n'avait pas vu sa mère depuis qu'il avait quitté le Vietnam à l'âge de 14 ans. Les conditions d'accueil avaient été bonnes pour mon père puisque mon grand-père était eurasien et de nationalité française (d'où mon nom « Porcher »). Idem pour ma grand-mère qui était certes de nationalité vietnamienne mais qui est arrivée en avion avec toutes les autorisations légales. Pourtant, même dans cette configuration, l'émigration ne s'est pas faite sans difficultés. Certains de mes oncles étaient tellement pauvres qu'ils ont dans un premier temps décidé de quitter le Vietnam sans leurs enfants afin d'être complètement disponibles et ainsi travailler jour et nuit pour pouvoir les rapatrier le plus rapidement. Un de mes cousins a vécu les sept premières années de sa vie séparé de ses parents. Or cette situation est vue comme une migration réalisée dans de bonnes conditions, loin de celle des malheureux qui tentent de traverser la Méditerranée. Cela ne remet pas en cause le fait que la France ait été une chance pour mon père, qui a pu faire de longues études, comme pour mes oncles qui aujourd'hui ont une situation meilleure que s'ils étaient restés au Vietnam. Le point est de comprendre que toute migration se fait dans la douleur et que, par conséquent, il faut également porter le débat sur les causes profondes qui contraignent les populations à migrer.

Échange inégal, modèle de développement erroné : ce qui pousse les habitants des pays pauvres à émigrer

Ces dernières années, la Grèce s'est vidée de sa jeunesse. Les plans d'austérité ont réduit l'activité économique et le taux de chômage a explosé. Aujourd'hui, les Grecs sont plus pauvres qu'il y a dix ans. À cause de cette situation désastreuse, la jeunesse du pays est acculée à l'émigration.

Hector, un jeune cuisinier grec, affirme : « Je voudrais rester vivre en Grèce. C'est mon pays et je l'aime (…) mais je sais que je vais partir[1]. » Le pire est que la Grèce n'a pas choisi de mener ces politiques, elles lui ont été imposées de force par la troïka alors même que le peuple grec avait voté majoritairement « non » en 2015 au projet de réformes. L'exemple de la Grèce montre comment, en Europe, des entités extranationales ont été capables, contre la volonté de la population du pays concerné, d'imposer des politiques qui ont engendré misère et chômage ; et comment ce fiasco économique est à la base de la volonté d'émigrer de la jeunesse du pays.

Avant la Grèce, la majorité des pays africains ont été des laboratoires des politiques d'ajustements structurels du FMI les obligeant à se spécialiser dans le secteur minier (qui n'a pas besoin d'énormément de main-d'œuvre), à confier leur production minière à des compagnies privées et à ouvrir leur économie à la concurrence mondiale. Cette politique a entraîné l'effondrement de l'agriculture locale ou de certaines branches industrielles qui sont pourtant beaucoup plus pourvoyeuses d'emplois. Au niveau global, elle a

1. « Emploi : les jeunes Grecs s'exilent en masse », *Alternatives économiques*, 16 octobre 2017.

engendré des résultats économiques calamiteux, le taux de croissance du revenu par habitant en Afrique subsaharienne étant passé de 1,6 % dans les années 1960-1970 à 0,3 % entre 1980 et 2004[1] (c'est-à-dire à partir du moment où la plupart des pays ont adhéré aux institutions de Bretton Woods – FMI et Banque mondiale). L'ultra-spécialisation minière était donc un choix peu judicieux, or elle était rarement le choix du pays lui-même. Comme dans le cas de la Grèce, elle a souvent été imposée par le FMI contre l'échange d'un prêt. Le manque d'accès au financement des pays en développement les oblige à se retourner vers le FMI (prêteur de dernier recours) pour obtenir un prêt, mais que le FMI conditionne à une série de réformes basées sur le triptyque spécialisation-exportation-libéralisation. Les conséquences sont catastrophiques pour les populations du pays et profitent souvent aux multinationales des pays riches.

Prenons l'exemple de la république du Congo. L'économie de ce pays est largement dominée par le secteur pétrolier qui représente plus de 90 % des exportations. Les recettes issues de la production de pétrole et leurs évaluations futures

1. H.-J. Chang, « Histoire économique du monde développé : leçons pour l'Afrique », *Séminaire organisé dans le cadre du Programme des conférenciers éminents de la Banque africaine de développement*, 26 février 2009.

sont un point essentiel pour mener des politiques d'investissement ou de développement efficaces. Or, le niveau des recettes pétrolières dépend généralement de trois facteurs sur lesquels le pays n'a aucune emprise : le prix du pétrole, les volumes exportés et la répartition de la rente entre le pays producteur et les compagnies pétrolières.

L'économie du Congo est soumise aux variations des cours du baril sur les marchés internationaux sans pouvoir les influencer (comme peuvent le faire de gros producteurs comme l'Arabie saoudite). Les recettes pétrolières du pays dépendent donc de l'évolution des prix, qui dépend elle-même de facteurs économiques, géopolitiques et financiers que personne, et encore moins le Congo qui représente moins de 0,5 % de la production mondiale, ne peut maîtriser.

Le retournement des cours du baril au 2e semestre 2014, qui vit le prix du pétrole perdre 50 % de sa valeur[1], a entraîné une forte baisse des recettes d'exportations et comme, à cause de la spécialisation à l'export imposée par le FMI, le Congo n'exporte quasiment qu'un seul produit, l'impact pour l'économie a été catastrophique. La vulnérabilité à ce type de choc est d'autant plus

1. Ce fut aussi le cas en 2001, 2006 ou 2008 où le prix du pétrole avait fortement baissé.

forte lorsqu'il s'agit de pays en développement (n'ayant pas de stabilisateurs automatiques[1]).

Le Congo n'a aucune emprise non plus sur les volumes de production. Ce sont les compagnies pétrolières privées (Total et Eni détiennent la majorité de la production congolaise) qui exploitent les gisements et qui décident des volumes de production une fois les contrats pétroliers de partage de production signés[2].

Enfin, le pays n'est pas en position de force dans la négociation d'un partage équitable de la rente pétrolière. L'ensemble des données relatives au gisement (son coût d'exploitation, la qualité du pétrole, etc.) sont établies par la compagnie exploitante (qui est privée puisque le FMI pense qu'il faut confier l'exploitation de son « avantage comparatif » à une compagnie privée plutôt que de créer une compagnie publique – le privé étant selon lui plus efficace que le public). Or, c'est sur ces informations, que le pays n'a pas les moyens de vérifier, que se négocient les contrats et la part qui revient à l'État. Il y a clairement une asymétrie

1. Un stabilisateur automatique est un mécanisme économique ayant une activité régulatrice et anticyclique pour juguler l'impact de fluctuations conjoncturelles de l'activité.

2. O. Lamotte et T. Porcher, « Stratégie des compagnies pétrolières internationales et partage de la rente : le cas du Congo », *Management et avenir*, n° 42, 2011, p. 310-327.

d'informations en faveur de la compagnie qui lui permet de récupérer une part avantageuse de la production pétrolière.

Plusieurs travaux montrent l'incapacité du Congo à avoir une quelconque emprise sur sa production. Un rapport de la Banque mondiale sur les revenus pétroliers du Congo écrit par exemple : « Ni le ministère des Finances et du Budget, ni le ministère des Hydrocarbures n'ont une capacité suffisante pour prévoir les volumes de production et le niveau des revenus pétroliers. Ils se fondent donc sur les données fournies par les compagnies pétrolières en vertu des exigences contractuelles. Cette dépendance des données de production des compagnies pétrolières (volumes et coûts de production estimés) rend difficile au ministère des Hydrocarbures [...] d'évaluer les propositions de développement de chaque champ faites par les compagnies[1]. »

Un autre rapport, émanant cette fois de l'AFD (Agence française du développement), montre que les compagnies pétrolières transmettent des estimations fausses aux États producteurs dans le but d'augmenter leurs profits. L'auteur précise :

1. Banque mondiale, « Bien utiliser la richesse pétrolière pour accélérer et diversifier la croissance », *Revue des dépenses publiques*, Washington, 2010, p. 124.

« Tricher sur la production est d'abord la manière la plus simple de frauder pour les compagnies pétrolières[1]. »

Pour résumer, non seulement le FMI oblige les pays africains à se spécialiser dans la production minière à l'export alors que son contenu en emplois est faible, mais en plus il crée les conditions pour que le pays n'ait quasiment aucun contrôle sur le principal moteur de son économie. Le gouvernement congolais ne contrôle ni le volume – déterminé par les compagnies pétrolières privées –, ni le prix – déterminé sur les marchés financiers – d'un bien qui représente 90 % de ses exportations ! Si à cela on ajoute le fait que l'ouverture au commerce international détruit l'agriculture locale au profit de celle, industrialisée, des pays du Nord, et que l'alignement du franc CFA sur l'euro est un non-sens économique et politique, on peut aisément dire que les marges du gouvernement congolais pour développer son économie sont extrêmement faibles, voire nulles.

La question de la corruption a bon dos pour expliquer les difficultés des pays africains. La réalité est bien plus complexe, et réduire le sous-développement à la corruption est malhonnête.

1. B. Leenhardt, *Production, fiscalité, transparence et gestion des revenus pétroliers en Afrique subsaharienne et en zone franc : la chance des Africains ?*, AFP, département de la recherche, rapport thématique Jumbo, 2004, p. 22-23.

Premièrement parce qu'il existe des pays qui se sont développés avec des institutions aussi fragiles que les pays africains[1], deuxièmement parce que, compte tenu des conditions imposées par le FMI, même un gouvernement non corrompu – s'il en existe un dans le monde – n'arriverait pas à développer son pays.

Pour que l'émigration ne soit plus contrainte, il faut que chacun puisse avoir une chance de trouver la prospérité dans son pays. Or une condition nécessaire au développement des pays africains est de commencer par revoir en profondeur les règles de la mondialisation dont les institutions de Bretton Woods sont garantes.

Comprendre les sources du ressentiment à l'égard de l'immigration dans les pays d'accueil

Une enquête de l'IFOP intitulée « Immigration : le regard des Français[2] » réalisée sur un échantil-

---

1. Selon H.-J. Chang, professeur à Cambridge, les pays industrialisés ont pu se développer malgré des institutions faibles lorsqu'ils étaient à des niveaux de développement comparables aux pays africains. Voir H.-J. Chang, *Kicking away the ladder*, Londres, Anthem Press, 2002, chap. 3.

2. « Immigration : le regard des Français », Enquête IFOP pour le *JDD*, l'AJC et la fondation Jean-Jaurès, 4 décembre 2018.

lon de 1 015 personnes représentatif de la population française révèle que 7 sondés sur 10 estiment que la France n'a plus les moyens d'accueillir des immigrés. La question du coût économique de l'immigration pour la collectivité apparaît comme un des enjeux principaux devant celles relatives à l'intégration des personnes étrangères ou à leur apport bénéfique. Cette enquête montre que la question de l'immigration est en partie liée au contexte économique.

Il suffit de regarder où se concentre le vote du Rassemblement national (RN) en France. Il est principalement concentré dans le nord-est et dans le sud-est de la France. Par exemple, le quart nord-est du pays concentre 106 des 180 maires qui ont apporté leur parrainage à Marine Le Pen pour l'élection de 2017[1]. La superposition entre la carte des régions votant pour le RN et celle des difficultés sociales est également impressionnante[2]. Les régions qui votent pour l'extrême droite sont les plus pauvres et les plus éloignées des grandes villes.

Depuis des dizaines d'années, ces territoires ont été fragilisés par le retrait des industries qui a fait

1. J. Fourquet, *L'Archipel français*, *op. cit.*, p. 125.

2. H. Le Bras, « La France inégale : qui vote FN ? Pas forcément ceux à qui l'on pense », *The conversation*, 9 avril 2017.

exploser le chômage, ainsi que par le recul des services publics accentuant à juste titre le sentiment d'abandon de l'État. La crise de 2008 a donné le coup de grâce en accélérant ces deux mouvements. Les dernières industries ont fermé par suite de la baisse de l'activité et l'austérité imposée aux collectivités territoriales a été appliquée à partir de 2013 pour réduire les déficits. Comme nous l'avons déjà vu plus haut, beaucoup de ces territoires sont aujourd'hui plus pauvres qu'il y a dix ans.

Plutôt que de stigmatiser les électeurs du RN, il faudrait peut-être se demander comment le parti est passé de 1 % dans les années 1980 à 34 % à l'élection présidentielle de 2017. Ou comment des pays pionniers du capitalisme libéral emmenés par Thatcher et Reagan dans les années 1980 ont pu laisser place à Donald Trump ou voter pour le Brexit (à l'issue de campagnes respectivement axées sur la phobie des Mexicains et des Polonais). La réalité est que le modèle libéral, partout où il a été appliqué, a fait monter l'extrême droite, tout simplement parce qu'il est intrinsèquement inégalitaire. D'ailleurs, les pays où il a été appliqué avec le plus de vigueur sont les premiers à avoir basculé dans les extrêmes, comme le montre l'exemple des États-Unis et du Royaume-Uni.

En France, même si les inégalités ont moins vite augmenté que dans les pays anglo-américains, les gouvernements successifs de droite comme de gauche (tendance social-démocrate) ont imposé des réformes demandant à chacun de faire des efforts supplémentaires au moment même où beaucoup voyaient leur qualité de vie se dégrader. Fermeture de services publics, affaiblissement de la protection sociale, réforme des retraites, loi « travail », manque d'investissement dans les transports en commun, tout cela a été justifié auprès des populations par le fait que l'État n'avait plus les moyens. Dès lors comment ne pas comprendre dans ce contexte qu'une majorité s'oppose à l'immigration pour ces mêmes raisons ? À cela s'ajoute le sentiment d'abandon de la part des élites intellectuelles et artistiques. Si l'État est aussi dur avec les pauvres, qu'ils soient français ou immigrés, on a cependant vu un certain nombre de fois des acteurs et des artistes – et c'est une bonne chose – se mobiliser en faveur des migrants. Beaucoup moins, hélas, contre les fermetures d'usines.

Le rejet de l'autre se fait d'autant plus facilement qu'en plus du fait qu'on vous rabâche à longueur d'ondes que la France n'a plus les moyens, vous vivez dans un monde où tout semble difficile à obtenir. Difficulté à trouver un emploi, un logement social, une place en crèche ou à obtenir un rendez-vous chez le médecin. C'est sur ce terreau que le Rassemblement national joue la division horizontale entre les Français pauvres et les migrants avec un certain succès. Pourtant, ce n'est pas l'immigration qui a entraîné la fermeture des usines et des services publics, ce n'est pas elle non plus qui explique qu'il y ait 1 million de chômeurs en plus depuis 2008. L'erreur des populations vivant dans ces territoires défavorisés est de ne pas comprendre cette instrumentalisation. En même temps, il est plus simple aujourd'hui dans les médias de tenir des propos critiques sur les immigrés que sur le libre-échange, la finance ou l'austérité budgétaire. Ces phénomènes sont pourtant les premiers responsables de la situation des habitants de ces régions.

La question de l'immigration et de son acceptation dans les pays riches est une question complexe et mérite un débat plus profond que l'instrumentalisation qui en est faite pour faire peur ou se draper de la bonne morale sans rien remettre en cause des ressorts profonds qui contraignent des populations entières à émigrer. Les chiffres montrent une réalité bien éloignée de celle vendue par les marchands de peur et la question de l'accueil, qui ne fait aucun doute pour moi, doit être accompagnée d'une réflexion plus large sur les mécanismes économiques qui empêchent les pays de se développer et n'offrent à leur population jeune que le chômage et la misère. Cela suppose d'en finir avec les agissements des organisations internationales et de permettre aux pays en développement d'avoir accès au financement pour pouvoir mener des politiques économiques plus appropriées. Rien n'assure qu'elles seront efficaces – elles pourront cependant difficilement être pires que celles du FMI –, mais c'est une condition nécessaire, même si probablement pas suffisante, pour se développer.

SAUVER LES SERVICES PUBLICS

Ne faisons pas de détour : les services publics sont menacés depuis de nombreuses années. Notre technostructure composée d'un petit groupe de hauts fonctionnaires fait tout pour les mettre au pas en commençant par y injecter des techniques de gestion du secteur privé, puis en les libéralisant et en finissant par les privatiser. Tous les prétextes sont bons pour les appauvrir afin de les rendre inefficaces pour ensuite les céder, sans opposition de la population, au secteur privé. Des pans entiers du secteur public sont concernés, allant des entreprises publiques comme la SNCF, EDF ENGIE, ADP ou La Française des jeux aux services publics non marchands comme l'éducation, les hôpitaux ou les pompiers (qui sont gratuits à l'utilisation mais financés par l'impôt). Tous sont soumis à la réduction des moyens, au management organisationnel du privé, à la libéralisation voire à la privatisation.

Tous les personnels de ces différentes entreprises ou différents services se plaignent du manque de considération, des conditions de travail et des stratégies absurdes et contre-productives mises en place. Enseignants, pompiers, cheminots, professionnels de la petite enfance, soignants, etc., tous manifestent régulièrement leur mécontentement. Hormis les rares événements au cours desquels ces métiers ont droit à la considération du public, comme par exemple lors de l'incendie de Notre-Dame pour les pompiers ou des attentats pour les soignants, il est de bon ton de critiquer le statut des fonctionnaires et leurs prétendus privilèges. Pourtant, pour mesurer leur utilité, il suffit de s'imaginer un instant une société sans fonctionnaires : elle ne pourrait tout simplement pas fonctionner normalement. En creux, toutes les grandes grèves en apportent la preuve…

La libéralisation des entreprises publiques : le fiasco du secteur énergétique

À partir des années 1990, la Commission européenne exige des États membres de libéraliser de vastes secteurs de leurs économies respectives (télécommunications, réseau postal, transport aérien, transport ferroviaire, énergie). L'objectif est de casser des monopoles verticalement intégrés afin de faire jouer la concurrence. EDF est donc contrainte, de l'amont à l'aval, d'opérer une séparation juridique entre ses activités (création d'ERDF pour la gestion et l'aménagement du réseau de distribution et de RTE pour le réseau de transport de l'électricité). L'État reste actionnaire mais son rôle de « stratège » opérant un pilotage de long terme des différentes activités de l'entreprise laisse progressivement place à un « État pantouflard », c'est-à-dire gardant l'actionnariat par sécurité mais sans plus imposer sa vision. La libéralisation, accompagnée de l'effacement de l'État, a eu un impact négatif sur le positionnement de nos énergéticiens qui se sont mis à se concurrencer entre eux alors que leurs activités étaient initialement bien définies et complémentaires. Par exemple, Areva et EDF, deux entreprises publiques autrefois partenaires, se sont lancées dans une guerre commerciale. Cette mise en concurrence, nous disait-on, devait entraîner une meilleure efficacité. Elle a surtout été un gouffre financier d'argent public et une imbécillité sans commune mesure d'un point de vue de la politique industrielle.

On est en droit de s'interroger sur les raisons qui ont poussé nos dirigeants à casser nos monopoles publics ou à créer les conditions de la mise en concurrence d'entreprises publiques. Elles sont avant tout idéologiques. Dans la tête de nos élites – hauts fonctionnaires comme dirigeants des entreprises concernées –, les mécanismes de marché permettent une meilleure allocation des ressources que l'État qui aurait tendance au gaspillage. Le plus surprenant est que ce type de raisonnement sort de la tête de ceux qui pilotent l'État au plus haut niveau. La technocratie étatique est la première à vouloir imposer la logique de marché à la sphère publique.

On se souvient à ce sujet, après les nationalisations de 1982, des déclarations de certains dirigeants d'entreprises publiques comme Georges Besse, P-DG de Pechiney : « Privée, publique ou multinationale, une entreprise, ça se dirige de la même façon », ou Alain Gomez, P-DG de Thomson : « Il faut conserver le profit comme seul critère de jugement et de décision. » D'ailleurs, tous les dirigeants d'entreprises publiques de l'époque n'hésitèrent pas à supprimer des postes. La logique du privé est ancrée dans la tête des hauts fonctionnaires et des dirigeants d'entreprises publiques qui sont souvent d'anciens hauts fonctionnaires.

En France, nous sommes dans un mélange des genres extrêmement malsain entre grandes firmes et haute fonction publique. Emmanuel Macron, inspecteur des Finances puis banquier chez Rothschild, en est le meilleur exemple. Il faut bien garder à l'esprit que, dans notre pays, il est possible de diriger la Sécurité sociale un jour puis le lendemain de travailler pour AXA. Tout comme il est possible de passer de la législation fiscale à la direction fiscale d'un grand groupe.

Cette poignée de hauts fonctionnaires, diplômés de l'ENA, n'ont pas été formés pour servir l'État mais plutôt pour se servir. Les grands groupes n'ont plus besoin de se payer des lobbyistes pour prétendre dénoncer l'inefficacité de la sphère publique par rapport à celle du privé, les hauts fonctionnaires ont déjà été formés pour défendre l'économie de marché contre l'État. Il suffit de lire les rapports de Bercy ou de la Cour des comptes pour comprendre leur vision de la politique économique. Ils veulent imposer à la société, sous couvert de neutralité, la réduction du nombre des fonctionnaires, l'augmentation du temps de travail pour les enseignants, le contrôle des chômeurs, le recul de l'âge de la retraite, la baisse des pensions, la réduction des durées d'hospitalisation, la baisse des dotations aux collectivités locales, etc.

Le premier moteur de la casse du modèle social, des services publics et des entreprises publiques est au cœur de l'État. Ce sont eux qui imposent par pure idéologie l'économie de marché aux entreprises publiques. Aujourd'hui, EDF ou la SNCF, bien que publiques, sont gérées comme des entreprises privées. Elles sont portées sur l'exportation plutôt que sur le fait d'offrir un service de qualité aux usagers en France. Elles ont comme objectif principal le profit et se concentrent sur des projets permettant d'engranger de forts bénéfices, comme le CDG-express pour la SNCF (même s'il concerne une minorité de personnes) au détriment d'autres jugés moins rentables comme les lignes de province ou de banlieue (qui jouent un rôle dans la vie de tous les jours d'une majorité de Français).

À la casse des monopoles publics s'ajoute la libéralisation des prix de l'énergie. Historiquement, les prix du gaz et de l'électricité étaient fixés par les pouvoirs publics, notamment pour protéger le consommateur de la volatilité des prix. À partir des années 2000, il a été offert aux consommateurs la possibilité de quitter les tarifs réglementés d'EDF pour des offres de marché, les prix de marché devant être moins chers que ceux réglementés par EDF puisque, en théorie, la concurrence est supposée les faire baisser. De rares consommateurs ont tenté l'aventure – ce qui signifie déjà que la libéralisation des prix de l'énergie ne semblait pas, s'il en était un, être un problème urgent à régler pour les Français. À partir de mi-2005, les prix de marché dépassent fortement les tarifs réglementés, entraînant la colère de ceux qui les avaient quittés pour tenter l'aventure des prétendus « bienfaits » de la libéralisation. En 2006, la classe politique répond au mécontentement des usagers et met en place le TARTAM (tarifs réglementés transitoires d'ajustement au marché) qui permet aux consommateurs professionnels qui avaient quitté les tarifs protégés d'y revenir. En 2009, François Fillon, pressé par les possibles sanctions européennes, fit voter une loi, la loi NOME (nouvelle organisation du marché de l'électricité) plus conforme aux traités européens avec l'abandon progressif du TARTAM et l'obligation pour EDF de céder une partie de sa production nucléaire à ses concurrents.

Arrêtons-nous un instant devant cette usine à gaz et interrogeons-nous sur l'utilité de ces transformations. À quel besoin social ou environnemental répondent-elles ? Aucun. Toute cette intelligence est mobilisée dans un seul but : transformer une entreprise publique délivrant un service public à ses usagers – l'électricité – en une entreprise se rapprochant des critères de l'économie de marché. Cette libéralisation a un but, elle prépare souvent la privatisation. Les chiffres montrent pourtant que les consommateurs restent attachés à leur opérateur historique et qu'ils se plaignent des fluctuations des prix de l'énergie. Mais alors pourquoi vouloir ouvrir le secteur de l'énergie à la concurrence ? Tout simplement par idéologie.

Pour avoir une idée de la suite du processus de libéralisation du secteur de l'énergie, il faut observer le cas du Royaume-Uni, souvent mis en avant comme « exemple à suivre » par la Commission européenne. La libéralisation du marché de l'électricité britannique visait à casser les monopoles publics et à permettre l'apparition de nouveaux concurrents afin de faire baisser les prix. Les résultats ont été radicalement opposés. Le processus de libéralisation a donné naissance à un oligopole de six entreprises se partageant le marché en l'absence de toute menace concurrentielle crédible[1]. Elles exercent donc collectivement un pouvoir sur les prix.

Les travaux de mon confrère Raphael Homayoun Boroumand montrent que, sur la

1. R. H. Boroumand, « La Dame de fer, la Main invisible et la Fée électricité », *Le Monde*, 15 juillet 2013.

période 2003-2010, les baisses de prix amont (prix spot[1]) sont faiblement répercutées à l'aval (prix de détail). A contrario, les hausses de ces mêmes prix spot sont intégralement et systématiquement répercutées sur la facture des consommateurs britanniques[2]. Le régulateur britannique de l'énergie a même lancé une investigation en mars 2014 pour enquêter sur l'existence de pratiques collusives sur le marché de l'énergie. En tendance, depuis l'ouverture à la concurrence, les prix qui étaient censés baisser (c'était la promesse justifiant la libéralisation des marchés de l'énergie) ont augmenté. En théorie, l'ouverture des marchés devait profiter au consommateur ; en pratique, elle a surtout profité aux compagnies privées.

L'ouverture à la concurrence est un leurre. Elle part du principe que plus de concurrence amène forcément à un service moins cher et de meilleure qualité, or rien n'est moins sûr. La réalité est qu'il faudrait démocratiquement demander aux usagers – et pas aux hauts fonctionnaires – ce qu'ils attendent d'une entreprise publique. Par

---

1. Pour simplifier, on définit le marché spot comme le marché des transactions horaires. Le prix spot correspond donc au prix horaire de l'électricité.

2. R. H. Boroumand, « Electricity markets and oligopolistic behaviors: The impact of a multimarket structure », *Research in International Business and Finance*, vol. 33, 2014, p. 319-333.

exemple, dans le cas de l'électricité, au-delà du fait qu'il faille assurer la sécurité d'approvisionnement à tout le monde, on pourrait leur demander : veulent-ils un tarif réglementé ? Portent-ils une importance à la source d'énergie utilisée (veulent-ils du nucléaire ou plus d'énergies renouvelables) ? Acceptent-ils, compte tenu des enjeux climatiques, que leur opérateur public gère plus d'une quinzaine de centrales à charbon dans le monde ?

Dans le cas de la SNCF, on pourrait avoir comme projet de faire de cette entreprise le bras armé de la transition énergétique. Le premier concurrent de la SNCF est la route pour les marchandises comme pour les individus. Plutôt que de développer des lignes de cars (la fierté d'Emmanuel Macron lorsqu'il était ministre de l'Économie), de fermer la ligne de train Rungis-Perpignan permettant d'approvisionner l'Île-de-France en fruits et légumes (et qui sera désormais remplacée par la circulation de plusieurs milliers de poids lourds par an) et d'ouvrir le rail à la concurrence, pourquoi le gouvernement ne pousse-t-il pas la SNCF à investir dans les infrastructures vieillissantes et à remettre à niveau les lignes de banlieue ?

La question du secteur public ne doit plus rester entre les mains d'une technostructure acquise à l'économie de marché, il faut permettre aux utilisateurs de définir leurs besoins sociaux. Il faut partir de la base pour renforcer les services publics. Pas avec une fausse consultation visant ensuite à faire passer des réformes libérales, comme Emmanuel Macron l'a fait lors du Grand Débat, mais avec un vrai débat démocratique, prenant en compte les usagers dans un contexte où il est impératif d'inclure la SNCF (mais également EDF) dans un projet de transition écologique.

La casse du service public et des fonctionnaires

Les fonctionnaires sont souvent jugés coûteux et inefficaces. Inefficaces, car le statut à vie, nous dit-on, les rendrait paresseux, et coûteux car leur salaire serait trop élevé compte tenu de leur faible productivité due à l'absence de concurrence. Les fonctionnaires sont volontairement représentés comme un poids qu'il faudrait absolument réduire. Le programme qui obtiendra le soutien de l'élite intellectuelle et médiatique est toujours celui qui vise à supprimer un certain nombre de fonctionnaires.

Pour rappel, Emmanuel Macron comptait supprimer 120 000 postes (50 000 dans la fonction publique d'État et 70 000 dans les collectivités territoriales). Toujours la même rengaine depuis plus de trente ans de la part des gouvernements successifs (qui ont pourtant la charge du bon pilotage des institutions publiques), allant de la stigmatisation des fonctionnaires au dénigrement du sens même de leur travail en passant par l'opposition puérile avec le secteur privé. Déjà en 1984, Laurent Fabius, homme politique de « gauche », disait vouloir « moderniser le statut de fonctionnaire ». Et Emmanuel Macron, en 2017, disait qu'il était de « moins en moins défendable ». La vision du fonctionnaire comme une charge inefficace est désormais largement admise dans l'opinion publique alors qu'elle relève d'une construction purement idéologique.

Il est important de revenir dans un premier temps sur les raisons de l'existence du statut de fonctionnaire. Des fonctions aussi larges que l'éducation, la santé, la justice ou la police doivent s'exercer sur la base du respect des principes démocratiques du service public, comme l'impartialité, la neutralité, la probité ou l'égalité de traitement des citoyens. Le statut est moins tourné pour avantager le fonctionnaire que pour servir le citoyen. En mettant les fonctionnaires à l'abri de l'arbitraire, il rend plus difficile l'instrumentalisation de l'administration à des fins partisanes par un pouvoir politique. C'est une garantie d'indépendance. Ainsi, Vincent Bolloré peut à sa guise licencier l'ensemble du personnel de Canal + et réorganiser entièrement la programmation de cette chaîne pour défendre les intérêts de son groupe ou de ses amis politiques. Mais le statut de fonctionnaire empêche Robert Ménard, maire de Béziers, par exemple, de réorganiser les services publics en fonction d'objectifs personnels et politiques[1].

Il est important également de rappeler que les missions de service public portent sur des domaines particuliers que l'on ne peut laisser entièrement au secteur marchand, comme l'éducation ou la santé. Ces services sont certes financés par l'impôt mais gratuits à la consommation. Ils permettent ainsi, en garantissant un accès à tous, d'assurer un socle d'égalité incompressible. Que se passerait-il demain si les médicaments et les consultations n'étaient plus remboursés par la Sécurité sociale ? Comme dans le cas des États-Unis, une large frange de la population ne pourrait plus se soigner (chaque année, 2 millions d'Américains font faillite à cause de factures médicales[2]). Et rien n'assure que pour ceux qui pourront payer le service, il soit moins

---

1. D. Cayla, « Monsieur Macron, voilà pourquoi un fonctionnaire n'est pas un salarié ! », *Marianne*, 21 septembre 2015.
2. D. Mangan, « Medicals Bills are the Biggest Cause of US Bankruptcies: Study », *CNBC*, juin 2013.

coûteux. Par exemple aux États-Unis, où le système de santé est essentiellement privé, les dépenses de santé représentent 17 % du PIB contre 11,7 % en France. Le système est donc, en plus d'être inégalitaire, plus cher.

Autre exemple, le Royaume-Uni a décidé de mettre fin aux partenariats public-privé[1] à la suite de nombreux rapports accablants, notamment celui du National Audit Office de 2018 (l'équivalent de la Cour des comptes au Royaume-Uni), qui pointe les surcoûts dus à la rémunération demandée par les actionnaires et à l'augmentation des taux d'emprunt (passant de 2 % avec l'État à 4 % pour les partenariats public-privé). Au final, la construction d'écoles coûterait en moyenne 40 % de plus par délégation au privé, et celle des hôpitaux 70 % en plus[2]. Le service public, à l'origine, avait donc un but : assurer aux citoyens une mission stable dans le temps. Remettre ces services au secteur privé, c'est ne plus contrôler leur tarification, c'est tenir compte encore plus

1. Dans un partenariat public-privé, le public délègue au privé, en le rémunérant annuellement, la construction et l'exploitation d'une infrastructure (un hôpital, un collège…).

2. Les économistes atterrés (H. Sterdyniak, D. Cayla, A. Jatteau, D. Lang, P. Légé, C. Mathieu, T. Porcher, C. Ramaux et G. Rotillon), *Macron, un mauvais tournant*, Les liens qui libèrent, 2018, p. 73.

(notamment avec la rémunération des actionnaires) d'enjeux de rentabilité dans les choix de ces services et, enfin, c'est en barrer l'accès aux plus démunis.

L'argument du fonctionnaire qui serait coûteux ne tient pas non plus. Les dépenses de fonctionnement des administrations sont stables depuis 1978. Elles représentent 18 % du PIB (13 % pour la rémunération des fonctionnaires et 5 % pour les consommations intermédiaires) contre 26 % pour la Finlande ou le Danemark et 20 % pour le Royaume-Uni. Ce qui explique la hausse de la dépense publique, ce n'est donc pas, comme le laissent entendre les libéraux, le nombre de fonctionnaires, mais les prestations et les transferts versés aux ménages, passés de 22 % du PIB en 1978 à 33 % aujourd'hui[1]. Précision à laquelle il faut ajouter que ces prestations sont dépensées par ceux qui les perçoivent (on a rarement vu un chômeur toucher une prestation et ouvrir un compte en Suisse) et donc profitent directement aux entreprises via la consommation.

La fonction publique est également source de richesses, comme le rappelle l'économiste Christophe Ramaux : « Les fonctionnaires contribuent au PIB et la valeur ajoutée par les administrations

1. *Ibid.*, p. 79.

s'élève à 375 milliards d'euros[1]. » Et cette valeur produite a avant tout une valeur d'usage, c'est-à-dire une utilité (soigner, éduquer, protéger, etc.).

La casse du service public (via la libéralisation, la suppression de moyens ou l'insertion de techniques de management issues du privé) est avant tout idéologique. Nous l'avons vu, rien n'indique que le privé fonctionne mieux que le public, ni qu'il coûte moins cher. Tout montre au contraire que le public sera moins coûteux parce qu'il n'a pas à rémunérer des actionnaires, que les taux d'intérêt offerts à l'État sont plus faibles et que, lorsqu'il est en monopole, il s'épargne des dépenses de marketing et de publicité.

La question du financement tombe également à l'eau. Pendant de nombreuses années, nos dirigeants se cachaient derrière le poids de la dette publique pour promouvoir les réformes. Le raisonnement avancé consistait à dire qu'il n'y avait pas le choix compte tenu du montant de la dette publique que nous allions laisser aux générations futures. Cette fable est aujourd'hui largement remise en cause. Les taux d'intérêts négatifs à quinze ans montrent que nous devons faire de la relance. Les services publics souffrent d'un

1. C. Ramaux, « Il faut se méfier des discours visant à “réduire la dépense publique”, *Le Monde*, 12 février 2019.

manque de moyens. Or, pour l'hôpital public, l'éducation, la culture et la prise en charge décente de la dépendance, il faut investir et créer de nouveaux postes. La création de 100 000 postes de fonctionnaires coûterait 4,5 milliards d'euros par an – soit le montant perdu avec la réforme de l'ISF !

Les besoins en services publics ne manquent pas, ils sont utiles et perceptibles dans notre vie de tous les jours. Offrir une place en crèche à tout le monde, des hôpitaux de qualité, des transports remis à niveau (en priorité pour les trains de banlieue et les petites lignes), réaliser des investissements dans l'éducation, la culture, la sécurité, la justice améliorerait la vie de tous les jours de millions de Français. À l'inverse, il est plus difficile de chiffrer ou de visualiser concrètement l'apport pour la majorité d'entre nous du pacte de responsabilité et du CICE (qui ont amputé le budget de l'État de 40 milliards d'euros), de la suppression de l'ISF (moins 4 milliards) ou de la flat tax (moins 1,5 milliard).

Les choix politiques d'Emmanuel Macron et de François Hollande ont été d'offrir des baisses d'impôts aux plus riches ou aux entreprises sans contreparties, et de contrebalancer par des coupes dans la dépense publique, notamment sur les collectivités territoriales. Sur ce point, le programme de Macron ne laissait pas de place aux doutes. Il prévoyait d'offrir 24 milliards de baisse d'impôts aux entreprises et aux ménages les plus riches et de réaliser 25 milliards d'économie sur la sphère sociale. Ça n'a pas empêché de grands économistes de trouver son programme équilibré, avant de se réveiller et de demander subitement à cet homme qui n'avait jamais caché son aversion pour le modèle social français de faire plus de social.

Quels ont été les effets de ces baisses de fiscalité pour la majorité d'entre nous ? Ont-elles empêché les entreprises de licencier ? Ont-elles fait revenir les investisseurs dans les territoires ? Ont-elles permis de stopper l'hémorragie de services publics dans les territoires ? Non, elles l'ont même accélérée. À qui ont-elles profité ? Principalement à ceux qui les avaient exigées, c'est-à-dire le patronat et les plus fortunés. Il est temps de revenir sur ces mesures et de retrouver des marges de manœuvre budgétaires pour investir dans nos services publics qui sont le socle d'une société plus juste et donc plus apaisée.

EUROPE :
ÊTRE (RÉELLEMENT) PRÊT
À LA CONFRONTATION

Le 26 mars 2019, j'étais invité à une conférence sur le thème « Les jeunes et l'Europe » pour commenter les résultats d'une enquête menée auprès d'un échantillon de 1 000 jeunes, âgés de 15 à 30 ans et représentatifs de la société française. Les résultats de l'enquête étaient très intéressants et sans concession vis-à-vis de l'Union européenne. On y apprenait que seulement 5 % des jeunes interrogés se sentent « citoyens européens », 20 % s'estimant « français et européens » alors que 73 % se considèrent simplement comme « citoyens français ». Sur les urgences, les jeunes pensent que l'Europe devrait s'engager en priorité contre le réchauffement climatique (57 %) et dans la lutte contre la pauvreté (46 %) mais déclarent respectivement à 80 % et à 76 % que l'Union européenne n'est pas à la hauteur sur ces enjeux. Enfin, sur le fonctionnement de l'Europe, 47 % se disent insatisfaits contre 31 % de satisfaits.

Ce soir-là je partageais des tables rondes avec le gratin du journalisme et des think tanks pro-européens. Comme les résultats de l'enquête montraient que les jeunes étaient sceptiques à l'égard de l'Union européenne, il fallait donc que de bonnes âmes leur expliquent qu'ils n'avaient pas bien perçu les choses – dans le jargon politique, on appelle ça faire de la pédagogie – et que l'Europe apportait énormément de bienfaits même si elles s'étaient incapables d'en citer un, hormis peut-être le fameux programme Erasmus.

C'est Richard Werly, journaliste suisse pour le célèbre quotidien *Le Temps*, qui ouvre les hostilités en jugeant « ces résultats préoccupants », notamment sur le fait que « seulement 27 % des jeunes interrogés considèrent l'Europe comme un symbole de démocratie ».

L'Europe, un symbole de démocratie… M. Werly a dû oublier que les Français avaient voté « non » au traité constitutionnel en 2005 et qu'on le leur a imposé trois ans plus tard ; il a, certainement par étourderie, manqué que les Grecs avaient voté « oxi » (c'est-à-dire « non ») aux réformes de la troïka en juillet 2015 et qu'on les leur a également imposées un mois après ; il a probablement aussi omis que des citoyens européens avaient dit « non » à 95 % aux tribunaux arbitraux du TAFTA lors d'une consultation publique organisée par la Commission européenne et qu'aujourd'hui figurait pourtant dans tous les traités de libre-échange signés par la Commission la possibilité d'avoir recours à ces tribunaux… Le tribunal arbitral est un mécanisme de règlement des différends qui permet aux entreprises de régler des litiges de nature commerciale entre un investisseur et un État. La particularité est qu'il soustrait le litige aux cours de justice nationales ou européennes pour le confier à une instance arbitrale supranationale. Ce mécanisme contient des dangers évidents car les entreprises pourraient saisir cette instance pour combattre efficacement ce qui relève de préférences collectives en matière sanitaire ou alimentaire, pour ne citer que ces domaines. Désormais, n'importe quelle loi ou n'importe quel choix politique peut être perçu comme une entrave à l'investissement de l'entreprise et faire l'objet d'une contestation devant ces tribunaux.

Par exemple, dans le cadre du traité de libre-échange États-Unis/Équateur, le Centre international de règlement des différends sur l'investissement (CIRDI) a condamné l'Équateur à payer 1,77 milliard de dollars à Occidental Petroleum car l'Équateur a mis fin à un contrat avec l'entreprise qui ne respectait pas ses obligations. Le cigarettier Philip Morris a utilisé la même procédure en 2010-2011 contre les gouvernements de l'Uruguay et de l'Australie car ces nations menaient des campagnes antitabac.

La démocratie en Europe, c'est Jean-Claude Juncker, président de la Commission européenne, qui en parle le mieux quand il dit que « les choix démocratiques ne peuvent s'exercer contre les traités européens ».

Tout est dit.

Anne Macey, déléguée générale de « Confrontation Europe », poursuit sur la question du réchauffement climatique comme première urgence dans laquelle l'Europe devrait s'engager selon les jeunes interrogés. Elle avance l'argument classique selon lequel « les sujets comme la transition énergétique ne pourront être menés qu'à l'échelle européenne ». Ce raisonnement expliquant que l'Europe serait la juste échelle pour mener la transition énergétique ne repose sur aucun fondement technique. Certes, comme nous échangeons en partie de l'énergie qui n'est pas stockable, il vaut mieux informer en amont nos voisins de notre plan de transition énergétique pour ne pas perturber les équilibres énergétiques européens – ce que, au passage, les Allemands n'ont pas fait lorsqu'ils ont accéléré leur sortie du nucléaire après Fukushima. Mais la transition énergétique ne peut être décidée qu'à l'échelle nationale. À quoi ressemblerait une transition énergétique à l'échelle européenne avec les Français qui refusent l'exploitation du gaz de schiste mais les Danois qui l'acceptent, avec les Italiens qui refusent le nucléaire mais avec les Français qui investissent dans des EPR, avec les Allemands qui utilisent du charbon et les Français qui veulent l'interdire ? La transition énergétique est déjà un processus lent dans chaque pays – tant dans la mise en place que dans le choix du bouquet énergétique –, si nous souhaitons la repousser à la saint-glinglin, demandons qu'elle se fasse à l'échelle européenne.

À cela, il serait quand même pertinent d'ajouter qu'en termes de lutte contre le réchauffement climatique l'Europe est loin d'être exemplaire. Aucun pays n'a respecté l'accord de la COP 21 à ce jour, ce qui en dit long sur l'intérêt que portent nos dirigeants européens à la question climatique. Les jeunes interrogés ont encore fait preuve de lucidité lorsqu'ils ont répondu à 80 % que l'Union européenne n'était pas à la hauteur sur ce sujet.

Viens ensuite Philippe Ricard, journaliste au service international du quotidien *Le Monde*. Il commence par expliquer que « nous sommes tous citoyens de démocraties, essentiellement nationales pour le moment, avec au-dessus une forme de couche supranationale loin d'être aboutie, mais qui dispose d'embryons d'existence démocratique en développement, avec un parlement qui gagne en importance... ». Il ajoute que les institutions européennes sont « à l'écoute des démocraties nationales, des États mais aussi de la vie des sociétés civiles ».

Encore une fois, on reste sur des phrases creuses visant à réhabiliter l'Union européenne sans entrer dans le vif du sujet. La « couche supranationale » dont parle M. Ricard est certes « loin d'être aboutie » sur la question sociale ou écologique mais elle est bien aboutie sur la question budgétaire et cela depuis le traité de Maastricht en 1992 qui limite les déficits publics à 3 % du PIB et la dette publique à 60 %. Le TSCG (Traité pour la stabilité, la coordination et la gouvernance) de 2011 renforce cette logique en indiquant que « la situation budgétaire des administrations publiques est en équilibre ou excédent ; cette règle est considérée comme respectée si le déficit structurel annuel des administrations publiques est inférieur à 0,5 % du PIB » (article 3.1 du TSCG). Sur ce point, on ne parle pas de « couche supranationale » mais bien de volonté de paralyser la politique économique des États au moyen de règles contraignantes. D'un côté, on limite fortement la politique budgétaire (ce qui n'a aucun fondement économique et est même idiot en période de récession), de l'autre, on externalise la politique monétaire. Il existe bien, en Europe, une architecture institutionnelle bien établie qui impose une logique économique – marché unique, monnaie unique, liberté de circulation des capitaux, etc. – qui a des conséquences sur les États – baisse de la fiscalité, dévaluations internes, etc.

Là où je suis d'accord, c'est lorsque Philippe Ricard dit qu'il existe des « embryons d'espace démocratique » en Europe. Oui, effectivement, des « embryons ». Et pas plus.

C'est le cas du Parlement européen, qui n'est pas autorisé à lever des impôts ou à initier des lois européennes et, par conséquent, a un pouvoir proche de zéro. Quand M. Ricard avance que les institutions européennes sont à l'écoute des démocraties nationales, des États et de la vie des sociétés civiles, il n'a probablement pas en tête l'article 5 du TSCG qui oblige les États en situation de déficit excessif à soumettre un programme de réformes structurelles à la Commission et au Conseil qui doivent l'approuver et suivre sa mise en place. Il ne doit pas avoir non plus connaissance du paragraphe 2 de l'article 3 qui stipule que « les règles énoncées au paragraphe 1 prennent effet dans le droit national des parties contractantes (les États dont la monnaie est l'euro) (...) au moyen de dispositions contraignantes et permanentes, de préférence constitutionnelles... ». Il paraît évident que des dispositions « contraignantes » et « permanentes » sont la base même d'une « écoute » en bonne et due forme entre institutions européennes et États ou sociétés civiles… Disons plutôt que ces articles sont une arme pour imposer au peuple des réformes libérales et réduire l'espace de délibération des élus dans chaque pays. Visiblement, M. Ricard et aucun autre des intervenants ne semblaient en avoir connaissance.

Pour finir, M. Ricard affirme que « si tout le monde s'accorde à dire que la crise grecque a été très mal gérée par l'Europe, dans une grande improvisation et avec un grand égoïsme entre États, tout n'est pas systématiquement aussi terrible qu'on peut le dire[1] ». Le déni, encore le déni. Tout ne serait donc pas aussi « terrible qu'on peut le dire ». Tout est une question d'appréciation : depuis 2008, la Grèce a perdu un quart de son PIB, le chômage y a augmenté de 190,5 %, la dette de 36,5 % et le revenu par ménage a diminué de 30 % ; la mortalité infantile y a augmenté de 42,8 %, les suicides de 44 % et la dépression de 272,7 %[2]. Effectivement, ce n'est pas si terrible que ça…

1. « Observatoire de l'engagement des jeunes 2019 : une soirée riche en enseignements », 5 avril 2019.

2. Chiffres compilés par Okeanews à partir de chiffres provenant d'Eurostat, ELSTAT, la Banque de Grèce, l'Institut du travail de la Confédération générale des travailleurs de Grèce et

Je me suis senti, comme souvent dans ce type d'exercice, assez seul à cette table ronde. Dans mon intervention, j'ai commencé par féliciter les jeunes pour leur lucidité. J'ai interpellé ceux avec qui je débattais : « Quelle est l'image de l'Europe aujourd'hui ? On voit la crise grecque, le Royaume-Uni qui préfère partir, Viktor Orbán en Hongrie, Matteo Salvini en Italie ; la crise migratoire avec l'*Aquarius* (navire de sauvetage de migrants en Méditerranée) que personne ne veut accueillir ; les 16 millions de chômeurs en Europe ; il y a aussi des Grecs, des Portugais, des Italiens, des Espagnols, des habitants des Hauts-de-France ou du Grand-Est en France qui sont plus pauvres aujourd'hui qu'avant la crise. Comment imaginer que cette Europe puisse faire rêver les jeunes ? »

J'ai également rappelé que l'Union européenne n'avait pas pour objectif de faire émerger un attachement à une quelconque forme de citoyenneté européenne mais simplement de créer un marché unique et une zone monétaire. Probablement les dirigeants européens pensaient-ils en créant l'euro que la solidarité entre les peuples en sortirait aussi naturellement que les billets d'un

l'Institut de recherche universitaire de santé mentale (EPIPSY). Voir également l'infographie réalisée par Regards.

distributeur, mais visiblement cela n'a pas été le cas.

Cette table ronde a bien résumé le débat sur l'Europe depuis vingt ans. Il faut tourner autour du pot, balancer de grandes généralités vides de sens du type « l'Europe, c'est la paix », mais surtout ne jamais entrer dans les détails techniques, ne jamais évoquer les articles des différents traités, les négociations opaques entre les gouvernements et la Commission européenne dont les citoyens sont tenus à l'écart, les négociations secrètes avec d'autres pays pour signer des traités de libre-échange et auxquelles nos élus ne participent pas, les paradis fiscaux en Europe, les cures d'austérité imposées, les choix démocratiques enterrés. Il y a une forme de déni de la part des élites visant à cacher, repousser, masquer ce qu'est réellement l'Union européenne tout en se drapant dans une posture morale.

Savoir dire « non » et préparer la sortie

En 2005, à la victoire du « non » au traité constitutionnel, la plupart des forces de gauche (en dehors du PS qui soutenait le « oui ») n'étaient pas farouchement contre la construction européenne mais réclamaient une Europe sociale et solidaire à l'opposé de celle de Maastricht. À l'époque, je militais pour le « non » et depuis j'ai toujours gardé cet idéal d'une autre Europe, radicalement opposée à celle que nous connaissons. Comme tous ceux qui défendent ce projet, j'ai toujours rêvé, a minima, d'une Europe qui désarme les marchés financiers, qui lutte contre les paradis fiscaux, qui mette fin à la concurrence fiscale et sociale entre pays européens, qui finance les services publics et la transition énergétique. S'il y avait eu cette volonté politique, l'Europe, qui est composée des principales puissances mondiales, aurait pu être un bouclier contre les pressions du marché mondial et un vecteur important de la transformation écologique et sociale de nos économies.

À la place, avec la création du marché unique, la libre circulation des capitaux, la monnaie unique et enfin l'ouverture du marché européen aux échanges mondiaux, l'Union européenne est devenue la principale courroie de transmission des effets délétères de la mondialisation. Aujourd'hui, une multinationale peut s'installer en Europe, profiter de 500 millions de consommateurs et, grâce à la concurrence fiscale, payer un impôt microscopique.

Alors, bien sûr, pour avoir lu depuis vingt ans tous les projets d'Europe sociale – du *Manifeste pour une autre Europe* d'Yves Salesse (2003) au

European New Deal de Yanis Varoufakis (2017) en passant par le TDEM de Thomas Piketty (2018) –, il me paraît clair qu'il existe de nombreuses alternatives crédibles à l'Union européenne. J'ai d'ailleurs apporté ma contribution et mon soutien à nombre d'entre elles. Cependant il faut se rendre à l'évidence, elles ont toutes eu l'effet d'un coup d'épée dans l'eau.

Le 10 février 2016, pendant le quinquennat de François Hollande, 158 économistes (dont moi) publient un appel dans *Le Monde* pour sortir de l'impasse. Le texte préconise une remise en cause des règles européennes pour permettre des politiques de relance. Il sera suivi d'une conférence à l'université de la Sorbonne et d'un livre. Aucun membre du gouvernement ne rebondira sur ce texte. En décembre 2018, Thomas Piketty lance le TDEM – un projet de traité de démocratisation de l'Europe – soutenu par 120 intellectuels (dont moi à nouveau) et responsables politiques de toute l'Europe. Le projet a recueilli plus de 100 000 signatures en quelques mois. Résultat : rien.

Depuis le début, le débat sur l'Europe est instrumentalisé. L'Union européenne, telle qu'elle fonctionne aujourd'hui, profite à quelques intérêts puissants. Ce n'est pas pour rien que nos commissaires européens finissent toujours par travailler dans de grands groupes (qu'ils devaient soi-disant combattre lorsqu'ils étaient commissaire). L'Europe a favorisé les multinationales et son objectif à peine masqué est de leur offrir des pans entiers d'activité – retraite, services publics, santé. Comme le rappelle Frédéric Farah dans son livre *Europe : la grande liquidation démocratique*, nos dirigeants ont favorisé l'effacement de la France au profit de l'Allemagne en refusant de jouer sa meilleure carte, celle de la deuxième puissance de la zone euro mais également d'une interface entre le Nord et le Sud du continent[1].

Lorsque Tsípras a été élu, il était persuadé que la France serait son alliée mais il n'en a rien été. La France s'est rangée derrière l'Allemagne. D'ailleurs la stratégie, demeurée identique sous Nicolas Sarkozy, François Hollande et Emmanuel Macron, a toujours été d'épouser la ligne allemande tout en espérant l'infléchir par la suite. Nos élites françaises ont capitulé : la droite par adhésion au projet libéral de l'Europe (tout en se défaussant sur l'Europe quand cela l'arrange) et les socialistes par moralisme teinté d'un faux modernisme mélangé à un avatar d'internationalisme.

1. F. Farah, *Europe : la grande liquidation démocratique*, Bréal, 2017, p. 190.

Nous n'oublierons jamais la promesse de François Hollande de renégocier les traités. Pourtant, il avait de nombreux soutiens à l'époque : le Portugal, l'Italie et l'Espagne. Avec ces trois pays, la France disposait de plus de 50 % du PIB de la zone euro. Il ne manquait plus qu'à convaincre les autres partenaires européens et surtout l'Allemagne. Mais François Hollande a préféré laisser l'Allemagne le convaincre (mais probablement était-il déjà convaincu, compte tenu de ses positionnements précédents sur l'Union européenne). Puis, après son renoncement face à Merkel mais aussi face à ses électeurs, avec la loi Macron portant le nom de ce ministre que les médias présentaient comme « innovant », nous avons eu droit aux mêmes débats stériles qu'en Espagne et en Italie sur l'ouverture des magasins le dimanche, la libéralisation des professions réglementées, suivis des réformes sur le marché du travail et aujourd'hui sur les retraites. On ne peut que remarquer les ressemblances entre la loi Macron et la loi italienne de 2006 intitulée « Libéralisation et promotion de la concurrence et de la compétitivité ». Conduite elle aussi par un gouvernement dit de gauche (celui de Romano Prodi, qui a été également président de la Commission européenne), elle concernait quasiment les mêmes professions réglementées : avocats, pharmaciens, notaires et taxis. Idem pour le travail dominical qui a connu une ample libéralisation dans d'autres pays européens.

Nos dirigeants étant devenus des larbins de l'Europe, c'est-à-dire de l'Allemagne, il a fallu construire un discours faussement progressiste et humaniste autour de l'Europe (je dis « faussement » car l'Europe a provoqué en Grèce une des plus graves crises humanitaires en temps de paix). Les partisans d'une « autre Europe » restaient sur les faits, discutaient des textes, proposaient des alternatives crédibles alors que les autres s'en tenaient à des généralités, prédisant l'apocalypse au moindre changement et stigmatisant toute discussion à propos d'une éventuelle sortie. Pendant des années, dès que vous évoquiez la possibilité de sortir de l'euro, on vous ramenait à Marine Le Pen, alors que les positions de son parti contre l'Europe libérale ont été très tardives. Comme lors de ma table ronde, le but de nos adversaires n'est pas d'échanger sur la base de chiffres et d'arguments sérieux, mais bien de mentir et de cacher une triste réalité : l'échec économique du marché unique, la malfaçon de l'euro et les millions de vie brisées par l'austérité.

Il faut se rendre à l'évidence, le fruit est pourri de l'intérieur et un changement ne sera pas possible sans faire exploser la matrice de l'Union européenne. Et, pour cela, il n'y a pas trente-six solutions, il faut ouvrir une violente crise et être prêt à en sortir le cas échéant. Il faut assumer ce rapport de force comme l'ont fait jadis le général de Gaulle ou Margaret Thatcher quand il s'agissait de défendre leurs intérêts. De Gaulle n'a pas hésité en 1965 à bloquer pendant six mois le fonctionnement des institutions. Thatcher n'a pas fait la fine bouche quand il s'est agi de baisser les contributions financières de son pays. Elle a tout simplement pourri le fonctionnement des institutions pendant deux ans et obtenu gain de cause.

Si un président veut remettre sur pied le service public en investissant dans l'éducation, les hôpitaux, les transports, la petite enfance, l'aide aux personnes en perte d'autonomie, la transition écologique, autant de secteurs qui profitent à la majorité d'entre nous et nous permettent de vivre dans une société apaisée, il doit préparer la confrontation avec Bruxelles. Et pas en cherchant à respecter le cadre de l'Union européenne comme a tenté de le faire Yanis Varoufakis (même s'il faut toutefois noter que si François Hollande avait tenté le quart de ce qu'a essayé Yanis Varoufakis, l'Europe aurait peut-être changé de trajectoire). Non, il faut être prêt à briser la matrice institutionnelle.

Ce rapport de force sera d'autant plus en notre faveur si nous avons d'autres pays avec nous, comme les pays du Sud (qui sont de moins en moins nos alliés compte tenu des diverses trahisons de la France qui s'est toujours rangée du côté de l'Allemagne). Il faut en finir avec les contes de fées, les règles sont en train de tuer certains Européens au sens propre et d'en condamner des millions d'autres au chômage. On ne peut pas faire comme si de rien n'était au nom de la sauvegarde d'une monnaie. Il est urgent de poser le problème de la sortie de l'euro. Elle est la seule voie pour débloquer la situation.

DOMPTER LA FINANCE

En mars 2013, j'ai été invité à Tourville-la-Rivière pour une conférence sur la crise du raffinage en France autour des salariés de Pétroplus qui se mobilisaient contre la fermeture de leur raffinerie. La question de l'avenir du raffinage français était alors brûlante. Trois raffineries avaient fermé entre 2010 et 2013 et les représentants des industries pétrolières prévoyaient d'autres fermetures.

La conférence se déroulait à la médiathèque. En y entrant, j'ai découvert qu'il y avait des portraits des salariés de la raffinerie. Certains étaient suspendus au plafond et d'autres exposés sur un paravent. Les photos mentionnaient l'âge, la fonction et le nombre d'années passées dans l'entreprise. On sentait d'entrée de jeu l'importance de la raffinerie pour la commune et le soutien des habitants au combat des salariés. Cette impression m'a été rapidement confirmée lorsque j'ai découvert la composition du public qui était venu assister à ma conférence. J'étais persuadé que j'allais échanger essentiellement avec des salariés du raffinage mais, en réalité, des familles entières avaient fait le déplacement. Par curiosité, j'interpellai un jeune d'une quinzaine d'années pour savoir ce qui l'avait motivé. Il me répondit : « Il s'agit du travail de mon père. »

Ce soir-là, j'ai pu mesurer combien la fermeture d'une usine ne touche pas que les salariés. Le sort de Pétroplus ne concernait pas seulement les 450 salariés, il affectait également les emplois indirects (restaurateurs, livreurs, etc.) dépendant de l'activité de la raffinerie et bien sûr les familles. Au final, ce n'était pas 450 mais plus de 2 000 personnes qui étaient touchées.

Les raisons avancées pour justifier la fermeture des raffineries étaient toujours les mêmes. Surcapacités de production et marges trop faibles. Le marché devait se rééquilibrer en diminuant l'offre. Mais la réalité est beaucoup plus complexe et une grosse partie des maux du raffinage trouve sa source dans la financiarisation de l'économie.

Le premier problème provient de l'inadaptation de l'offre des raffineries à la demande française. Les derniers investissements de grande ampleur dans les unités de production ont été réalisés il y a trente ans et servent à produire de l'essence. Or, depuis les années 1990, la demande française en diesel ne cesse de croître – elle représente autour de 80 % de la consommation de carburant –, alors que la demande en essence connaît une forte diminution. Les raffineries françaises se trouvent donc obligées d'exporter leur production d'essence qu'elles n'arrivent pas à écouler en France et d'importer du diesel de l'étranger. En conséquence, le problème ne vient pas d'une surcapacité de production, laquelle ne concerne que l'essence et pas le diesel, mais bien d'une inadaptation de l'offre de nos raffineries à la demande intérieure. L'argument de la surcapacité ne tient plus.

La question qui reste en suspens est alors : « Pourquoi ne réalise-t-on pas les transformations qui permettraient aux raffineries de notre pays de répondre à la demande française ? » C'est là qu'interviennent tous les travers de la logique financière.

Initialement, les raffineries appartenaient à de grands groupes pétroliers, Total en possède encore la moitié en France. Les compagnies pétrolières ont fait des profits record entre 2004 et 2014, tirés par la hausse des prix du pétrole[1], mais paradoxalement cela n'a pas entraîné d'investissements importants dans les raffineries. Pire, les compagnies

1. Entre 2004 et 2014, le prix du pétrole a quasiment triplé sauf en 2006 et au moment de la crise de 2008 où il a connu une chute sévère.

ont commencé à vouloir s'en séparer. Pourquoi ? Tout simplement parce que la financiarisation de l'économie divise l'activité d'une compagnie pétrolière en entités homogènes afin que les dirigeants d'entreprise puissent identifier les entités les moins rentables et s'en débarrasser. On distingue donc l'entité exploration-production (appelée communément « l'amont ») et celle du raffinage et de la distribution d'essence (« l'aval »). Et comme les retours sur investissement sont plus élevés dans l'exploration-production que dans le raffinage et la distribution d'essence, il faut donc concentrer la majorité des fonds sur l'amont. Au final, plus les profits des compagnies sont importants en exploration-production plus celles-ci veulent fermer des raffineries car la logique boursière pousse la direction à vouloir satisfaire les actionnaires en se séparant des unités de production les moins rentables. Les salariés du raffinage comme beaucoup d'autres sont donc prisonniers de cette logique financière qui permet qu'il soit possible d'augmenter la valeur d'une action en licenciant, fermant ou délocalisant un site de production.

À cela, il faut ajouter une autre construction financière si souvent mise en avant pour justifier les fermetures des raffineries : la marge de raffinage. Le calcul de la marge brute de raffinage est la différence entre la valeur des produits raffinés (essence, diesel) sur le marché de Rotterdam et le coût d'achat du pétrole qui inclut le prix du brut (sur les marchés), mais également le fret et les assurances. Cette marge dépend donc davantage de la volatilité des prix des produits raffinés et du brut sur les marchés que de la productivité réelle des acteurs du raffinage, d'ailleurs souvent tenus pour responsables des pertes du secteur. Si les fluctuations des marchés provoquent une augmentation de l'écart entre les prix des produits pétroliers et du pétrole brut, alors le secteur du raffinage réalise une marge supplémentaire sans même que sa productivité réelle change (inversement pour les pertes).

Il suffit d'observer les données des marges brutes de raffinage sur brent (euro/tonne) entre 2011 et 2013 pour se rendre compte de la volatilité : la marge était de 14 euros en moyenne en 2011, de 34 euros en 2012 et de 18 euros en 2013. Donc, d'une année sur l'autre, la marge peut doubler ou être divisée par deux comme par magie, sans qu'aucun changement ait eu lieu concrètement dans les raffineries. Les chiffres mensuels sont encore plus significatifs : par exemple, en juin 2019, la marge était à 14 euros alors que deux mois plus tard, en août 2019, elle s'élevait à 40 euros[1]. Il y a donc des années, des mois et même des jours où les

1. Données de l'UFIP 2019.

raffineries sont compétitives et d'autres non. Les marges, soumises à la volatilité des marchés, sont déconnectées de la réalité du fonctionnement des raffineries et peuvent fluctuer aussi rapidement que la valeur d'une action en Bourse. Le plus choquant dans cette construction financière est que des salariés ainsi que leurs familles – qui n'ont aucune emprise sur les marchés de Rotterdam et du pétrole brut – soient pris en otage par les fluctuations malencontreuses de ces marchés et en assument entièrement les risques (fermetures de sites, pertes d'emplois...).

Que vont répondre les élites économiques et médiatiques à ces fermetures de raffineries ? Que c'est la logique économique et qu'il faut accepter le principe de la destruction créatrice, qu'il faut que ces familles soient mobiles et se dirigent vers les zones de croissance, que les raffineries produisent du carburant qui pollue et qu'il faut donc les fermer pour entamer la transition énergétique ? Tous les arguments sont bons pour cliver en opposant la vieille industrie polluante à la nouvelle industrie soi-disant propre, humilier les salariés refusant la mobilité, l'adaptation ou, nous dira-t-on, l'écologie, et in fine justifier la fermeture. Jamais, il n'est question de remettre en cause la financiarisation de l'économie qui abandonne ces salariés au hasard des actions du marché ou de rappeler l'importance des raffineries qui assurent notre sécurité d'approvisionnement.

Bien sûr, si une vraie transition écologique se mettait en place, des raffineries seraient amenées à fermer, mais c'est un processus qui ne peut en aucun cas se faire du jour au lendemain – compte tenu de la dépendance des Français à la voiture dans une grande partie des territoires (voir le chapitre La France des Gilets jaunes, p. 29) – et qui doit s'inscrire dans une planification globale offrant une visibilité sur une temporalité plus longue que celle de la logique actionnariale.

La brutalité des marchés financiers fait plonger en quelques mois des sites industriels (et les familles concernées) alors qu'une vraie transition écologique nécessiterait de réconcilier industrie et climat dans un vaste plan de rénovation des bâtiments, de construction d'infrastructures pour les transports en commun et de développement des énergies renouvelables. Il faut bien différencier ce qui relève d'une opération financière et ce qui relève de la transition écologique. La logique financière est volatile donc court-termiste alors que la logique écologique est prévisible car planifiée et donc inscrite dans une temporalité permettant de mieux préparer les reconversions.

Cet exemple des raffineries nous permet de comprendre comment la sphère financière peut avoir un impact négatif sur l'économie réelle. Comme le but d'une entreprise est désormais de distribuer des dividendes aux actionnaires, nous voyons comment les dirigeants (dont la rémunération est reliée à celle de l'actionnaire) vont sous-investir dans certaines entités moins rentables et surinvestir dans d'autres, sacrifiant ainsi des pans entiers de leur activité. Pour que cette logique soit appliquée au maximum, il faut également construire des indicateurs qui confortent la logique financière, comme c'est le cas de la marge de raffinage. Au final, ce n'est pas la finance qui est au service de l'entreprise mais bien l'entreprise qui est au service de la finance.

Comment casser cette spirale ?

Bien que la crise de 2008 ait été provoquée par les dérives de la finance, la place de celle-ci dans l'économie n'a cessé de croître. Certes la part de la « finance complexe » (les produits dérivés et de titrisation), largement responsable de la crise, a diminué, mais l'encours des produits dérivés représente toujours 720 000 milliards de dollars soit huit fois le PIB mondial[1]. Et, de manière globale, la

1. P. Artus, *Discipliner la finance*, Odile Jacob, 2019, p. 45.

taille de la finance ne fait qu'augmenter depuis la crise de 2008.

La finance a une responsabilité majeure dans les dysfonctionnements de notre économie. Elle détourne les ressources de l'économie réelle, elle favorise l'austérité salariale et les délocalisations et organise l'évasion fiscale. Son instabilité structurelle a engendré de nombreuses crises depuis les années 1990 (crise asiatique, crise des subprimes, crise de la zone euro…) et la globalisation favorise la transmission de ces crises d'une région du monde à l'autre (la crise des subprimes était à la base américaine, elle s'est très rapidement transformée en crise mondiale). Enfin, plus la taille de la finance est importante, plus la récession pour l'économie réelle sera forte.

En 2008, les États ont décidé de renflouer les banques avec l'argent du contribuable (ce qui était le meilleur choix) mais n'en ont pas profité pour réguler la finance. Il n'y a pas eu de remise en cause de l'efficience des marchés financiers et de l'impact de la finance sur les entreprises ou la croissance économique. Avec le renflouement des banques, les dirigeants et hauts cadres des banques ont pu conserver leur emploi et toucher des bonus alors que les plus précaires étaient jetés dans la pauvreté. À peine remis de la crise, ces marchés financiers avides n'ont pas hésité à attaquer les

États (qui les avaient renfloués) lorsqu'ils jugeaient leur dette publique excessive. Le sauvetage des banques payé avec de l'argent public n'avait en réalité que remis de l'essence dans une voiture sans frein.

Pourquoi les États n'ont-ils pas profité de la crise pour mieux réglementer la finance ? Est-il vraiment nécessaire de se poser cette question lorsque l'on découvre que le président de la Commission européenne, José Manuel Barroso, une fois son mandat terminé, a fini chez Goldman Sachs ? Qu'Emmanuel Macron a gagné plus de 3 millions d'euros en quatre ans chez Rothschild (soit quasiment autant que s'il était resté quarante-deux ans haut fonctionnaire à Bercy) ? L'État a choisi la finance parce que nos dirigeants sont déjà des financiers. Il suffit de regarder leurs relations et leur manière de gérer les affaires publiques. D'ailleurs, il serait instructif de regarder les agendas des présidents et des ministres de l'Économie et de comptabiliser le nombre de rencontres avec les représentants des milieux de la banque (donc ceux qui ont provoqué la crise) en les comparant avec ceux des salariés licenciés, des jeunes au chômage ou des fonctionnaires (les victimes de la crise). Je pense qu'on comprendrait rapidement pour qui travaillent les dirigeants actuels.

Car la finance, telle qu'elle fonctionne aujourd'hui, ne nous a pas été imposée par une force divine. Elle est le fruit d'un long processus de déréglementation depuis les années 1980. Actuellement, à part une poignée de financiers, tout le monde y perd. Il est donc important de changer son fonctionnement.

La première chose qu'il faudrait mettre en place est le cloisonnement strict entre les activités des acteurs financiers et celles des marchés financiers. Les acteurs financiers doivent être exclusivement composés des banques de dépôts et de crédit. Ces établissements seront financés par les dépôts de leurs clients, ne seront pas autorisés à se livrer à des activités de marché et se concentreront sur le financement des entreprises productives sur le long terme. Ils pourront également bénéficier des privilèges du refinancement auprès de la banque centrale. Ainsi, une politique monétaire expansionniste des banques centrales profiterait à l'économie réelle plutôt que d'aller gonfler les marchés financiers comme c'est le cas actuellement. Il faut également renouveler les modalités d'évaluation des projets sollicitant un financement pour qu'ils ne se résument pas uniquement à la recherche d'une plus-value mais prennent en compte également des critères sociaux et écologiques. Enfin, pour s'assurer que les banques fonctionnent bien, l'État, les salariés et des usagers siégeront aux conseils d'administration.

Les acteurs des marchés financiers – les banques d'investissement et de fonds – ne seront pas garantis par l'État et pourront ainsi faire défaut sans conséquences néfastes pour le citoyen. Comme le rappelle Steve Ohana, la faillite de la responsabilité de la finance a été favorisée par le système de garantie implicite offert par le contribuable. La manière la plus simple et la plus efficace de moraliser le système est donc de rendre crédible la possibilité de faillite des acteurs des marchés financiers.

Il faut également imposer un contrôle sur les mouvements des capitaux, surtout sur les capitaux à court terme spéculatif. Le capital peut actuellement librement circuler et jouer de la concurrence entre États pour s'installer. De leur côté, les investisseurs exigent des placements de plus en plus liquides pour pouvoir acheter et revendre le plus rapidement possible. Il faut pénaliser les placements de court terme et mettre en place une vraie taxation sur les transactions financières pour décourager la spéculation.

Enfin pour que l'entreprise se mette au service d'autres intérêts que ceux des actionnaires, il faut intégrer au conseil d'administration les salariés mais aussi les clients, fournisseurs ou collectivités locales pour qu'ils puissent avoir leur mot à dire sur les décisions des entreprises.

Ces propositions n'ont rien de révolutionnaire et ont déjà pour la plupart d'entre elles été mises en place à certaines périodes de l'histoire. La finance a pris trop de place dans notre économie, elle est responsable de plusieurs crises qui ont frappé durement les populations ; dans l'entreprise, elle oppose salariés et actionnaires plutôt que d'en faire des partenaires autour d'un projet commun ; dans tous les pays, elle favorise le désarmement fiscal. Elle enrichit quelques-uns, mais elle est néfaste pour la majorité d'entre nous.

Il est donc nécessaire de la réguler pour la remettre au service de la société. Certes, certains diront que ces changements ne sont réalisables que si l'ensemble des grandes puissances les exige en même temps. Ils n'ont pas tout à fait tort, cependant je reste persuadé que si un pays se risque à ouvrir la voie, d'autres le rejoindront tant la majorité des populations sont perdantes. Des alternatives existent et les premiers freins sont dans notre refus de penser qu'elles puissent être réalisables. Albert Einstein disait : « Le monde que nous avons créé est le résultat de nos pensées. Il ne peut être changé sans que l'on change notre manière de penser. »

RÉCONCILIER INDUSTRIE ET LUTTE CONTRE LE RÉCHAUFFEMENT CLIMATIQUE DANS UN VASTE PROJET DE TRANSITION ÉNERGÉTIQUE

Le 20 septembre 2019, des États-Unis à l'Australie en passant par l'Europe et l'Afrique, 4 millions de jeunes ont manifesté pour le climat à l'appel de la jeune Suédoise Greta Thunberg. La jeunesse veut faire entendre sa voix et compte faire pression sur les dirigeants. De manière générale, de plus en plus de mouvements écologistes sont tentés par une stratégie d'affrontement radical en organisant des actions devant des multinationales ou en bloquant des sites, comme l'a fait Extinction rébellion place du Châtelet ou au centre commercial Italie 2 à Paris.

Même si l'ancienne génération, en premier lieu nos dirigeants, dénonce cette radicalité, on ne peut que donner raison à ces jeunes militants. Voilà plus de vingt ans que les gouvernements successifs font passer le modèle capitaliste de croissance avant l'écologie. Même si aujourd'hui dans la bouche des dirigeants européens et des représentants du patronat, le mot « écologie » est employé à toutes les sauces, il n'en demeure pas moins qu'un élément cosmétique. La forme change, pas le fond.

Il va falloir pourtant s'y mettre concrètement, car pour le moment « croissance et écologie » semblent parfaitement incompatibles. Notre modèle économique est encore trop basé sur des énergies polluantes, et l'évolution du PIB est étroitement corrélée à celle des d'émissions de CO_2 depuis presque deux siècles. Or pour tenir l'accord de Paris – c'est-à-dire ne pas dépasser les deux degrés d'ici à 2100 –, il va falloir que ces émissions diminuent à partir de 2020 ! Il faut donc soit changer radicalement nos modes de production et de consommation, soit décroître.

Or, dans le contexte actuel, aucune de ces options n'est sérieusement envisagée. On nous baratine sur l'importance du combat climatique à longueur de discours, on nous balade avec des mesurettes tâchant de montrer que « oui, on essaie un peu quand même », mais, dans le fond, même si tout le monde – du patron de Total à Emmanuel Macron – s'accorde sur le fait que les émissions doivent diminuer, personne n'est prêt à toucher au modèle économique. C'est même plutôt l'inverse, on prétend qu'il faut libérer les forces économiques – celles qui polluent depuis des années – pour qu'elles trouvent des solutions au réchauffement climatique – qui en réalité existent déjà mais ne sont pas mises en place par manque de volonté politique.

On a rarement vu une telle malhonnêteté.

Grâce au green washing permettant à tout le monde de se donner bonne conscience sans rien changer, nos dirigeants nous font courir le plus grand risque que l'humanité ait jamais connu, et la possibilité de rectifier le tir se rétrécit année après année. C'est pour cette raison qu'on ne peut que soutenir la radicalité de ces jeunes militants écologistes et proposer les premiers jets d'une transition écologique qui doit être mise en place le plus rapidement possible. Le temps de la discussion est terminé, il faut agir, très vite.

Croissance et réchauffement climatique : réalité et hypocrisie

Il n'y a jamais eu autant de connaissances scientifiques et de preuves physiques du réchauffement climatique. Les principales conséquences physiques sont déjà perceptibles, comme la hausse de la fréquence et de l'intensité des événements météorologiques extrêmes[1] (tempêtes, inondations,

---

1. Un événement météorologique extrême isolé n'est pas dû au changement climatique anthropique. En revanche, la hausse

canicules, etc.), l'élévation du niveau de la mer (déjà de 25 centimètre depuis 1900) et la fonte à une vitesse remarquable de la calotte glaciaire. Ces effets du changement climatique ont déjà des conséquences sur les populations des pays riches comme des pays en développement. Chaque année nous battons les records de température et plusieurs phénomènes météorologiques nous rappellent notre vulnérabilité. En 2017, il y a eu 25 millions de réfugiés climatiques.

Pour rester sous la barre des 2 °C d'ici 2100 comme le prévoit l'accord de Paris, il faudra un changement radical, et le plus rapidement possible, de notre modèle économique. D'après les scientifiques, il est nécessaire de plafonner nos émissions avant 2020 et ensuite d'accélérer les efforts de réduction. Le problème est que, depuis dix ans, elles croissent en moyenne de 2 à 3 % chaque année et que rien n'indique dans les systèmes de production et les modes de consommation actuels que l'inversion de la tendance est proche. On peut donc légitimement se demander combien de rapports et de catastrophes il faudra pour que nos dirigeants (politiques comme P-DG) décident de changer radicalement notre

de la fréquence et de l'intensité de ces événements en est une conséquence.

modèle économique qui depuis 1850 est corrélé aux émissions de CO_2.

Bien sûr les bonnes âmes, représentants des lobbies du patronat et pragmatiques à trois francs six sous, vous diront : « Mais sans croissance on ne pourra pas sortir de la pauvreté les 800 millions de personnes qui y demeurent aujourd'hui. On a donc encore besoin de plus de croissance économique, il faut juste que cette croissance soit verte. » Au-delà du fait que ce type d'incantation creuse minimise la matérialité de l'économie (verte ou pas, l'économie a besoin de matériaux dans un monde matériellement fini), elle omet de prendre en compte les problèmes de répartition de la croissance actuelle et fait mine de penser qu'il y a 800 millions d'individus vivant sous le seuil de la pauvreté parce que l'humanité n'a pas assez produit de biens. Ce raisonnement est parfaitement faux.

Depuis 1820, la croissance économique est largement supérieure à la croissance de la population, mettant à mal les pénuries prévues par la loi de population de Malthus[1]. Entre 1700 et 1820, le taux de croissance annuel moyen de la production mondiale était de 0,5 % contre 0,4 % dans le cas

1. Selon Malthus, la population d'un pays ou du monde tend à s'accroître de façon géométrique alors que ressources et produits s'accroissent de manière arithmétique.

de la population mondiale. Dans ce contexte, la crainte de Malthus – expliquant que l'augmentation plus rapide de la population par rapport à la richesse créée allait entraîner des pénuries – était justifiée. Néanmoins entre 1820 et 1913, la production mondiale augmenta à un rythme moyen de 1,5 % contre 0,6 % pour la population et, entre 1913 et 2012, de 3 % contre 1,4 %[1]. L'humanité, au sens large, jouit donc aujourd'hui d'une abondance de biens qui dépasse largement les besoins incompressibles des êtres humains. 100 milliards de vêtements sont fabriqués chaque année, la production agricole pourrait nourrir 11 milliards d'individus, alors que nous sommes 7 milliards sur terre – avec près de 800 millions de personnes sous le seuil de pauvreté donc souffrant de la faim et n'ayant pas accès aux biens de nécessité essentiels. Les pénuries ne sont donc pas dues à une augmentation trop forte de la population conformément à la prédiction de Malthus, mais à une mauvaise répartition entre les individus des fruits de la croissance. Cette répartition inégalitaire est double : à l'échelle des pays dans le monde et entre les habitants à l'intérieur des pays.

À l'échelle mondiale, la répartition entre pays est très inégalitaire. Par exemple, le G7 représente

1. T. Piketty, *Le Capital au XXIe siècle*, Seuil, 2013, p. 127.

45 % du PIB mondial alors qu'il ne compte que 10 % de la population. Idem pour l'Union européenne qui est certes la première puissance mondiale mais avec de fortes inégalités, d'une part entre l'Europe du Nord et l'Europe du Sud, dont la majorité des pays – Espagne, Grèce, Italie – n'ont pas retrouvé leur niveau de richesse d'avant la crise ; et d'autre part entre l'Europe de l'Ouest et l'Europe de l'Est.

La croissance économique peut être également un indicateur trompeur pour les pays en développement car il ne prend pas en compte les revenus nets versés à l'étranger. Par exemple, l'Afrique affiche de très bons taux de croissance en 2018 – six des dix pays à la plus forte croissance étaient africains – mais une grosse partie de la croissance africaine est tirée par l'extraction d'hydrocarbures et de matières premières qui se font par des multinationales étrangères. Par conséquent, une partie de la richesse créée quitte le pays. La République du Congo, pays très dépendant de la production de pétrole comme nous l'avons vu plus haut, a vu certaines années un quart de son PIB directement reversé aux compagnies pétrolières exploitantes via les mécanismes des contrats de partage de production[1].

---

1. R. H. Boroumand, S. Goutte et T. Porcher, *20 idées reçues sur l'énergie*, De Boeck, 2e éd., 2018, p. 136.

Enfin, la croissance économique est également inégalitaire à l'intérieur de chaque pays. Les travaux de T. Piketty et du World Inequality Lab montrent que les inégalités de revenus ont crû presque partout. Par exemple, en 2014 en France, les 10 % des français les plus riches percevaient 33 % du revenu national[1] contre 23 % pour les 50 % les plus bas[2]. La croissance économique est donc un indicateur qui passe à côté de points essentiels. À quoi bon produire plus à un rythme effréné si ce surplus de production ne profite qu'à un petit nombre d'individus ?

À cela, il faut ajouter le fait que notre croissance économique nécessite de consommer de l'énergie. Or, malgré la prise de conscience des dangers du réchauffement climatique, la croissance s'appuie toujours à plus de 80 % sur des énergies polluantes (pétrole, gaz et charbon). Certes, les énergies renouvelables se développent, mais quasiment au même rythme que les autres et, par conséquent, occupent toujours une place négligeable dans les bilans énergétiques. On est donc

---

1. Le revenu national est le PIB déduit de la dépréciation du capital auquel on ajoute les revenus nets reçus de l'étranger.

2. F. Alvaredo, L. Chancel, T. Piketty, E. Saez et G. Zucman, *Rapport sur les inégalités mondiales*, Seuil, World Inequality Lab, 2018, p. 165.

très loin des envolées lyriques du « il suffit de faire de la croissance verte ».

Un tour d'horizon des évolutions des différentes filières énergétiques dans la dernière décennie est instructif. Entre 2002 et 2012, la consommation mondiale de pétrole et de gaz a crû respectivement de 14,4 % et de 31 %. Celle du charbon, énergie la plus polluante, de 55 %[1] ! Cette hausse n'est pas entièrement imputable à la forte croissance économique et démographique des pays émergents, la plupart des pays développés ont également leur part de responsabilité. Par exemple, sur la même période, le Canada et l'Australie ont augmenté respectivement leur consommation de pétrole de 11 % et de 21 %. Quant à la consommation de gaz, elle a crû de 11 % aux États-Unis, 12 % au Canada, 4 % en France et 61 % au Japon. Enfin, celle du charbon a augmenté de 10 % au Royaume-Uni et de 22 % en Italie. Ces augmentations sont d'autant plus condamnables qu'elles se font dans un contexte où les productions industrielles des pays développés sont en partie délocalisées dans les pays en développement et que, dans la structure des secteurs d'activités, les services, moins

1. T. Porcher et H. Landes, *Le Déni climatique*, Max Milo, 2015, p. 23.

gourmands en énergie, représentent plus de deux tiers des emplois.

Outre la consommation, la production d'énergies fossiles a également fortement augmenté dans la période 2002-2012. L'augmentation des prix de l'énergie entre 2002 et 2014 a permis aux compagnies d'investir massivement dans la recherche et l'exploration des mêmes énergies polluantes. Ces investissements faramineux ont permis à un certain nombre d'hydrocarbures non conventionnels de devenir rentables, comme le gaz et le pétrole de schiste aux États-Unis ou les sables bitumineux au Canada. En quelques années, pas moins de 4 millions de barils par jour (principalement de schiste) ont été ajoutés sur le marché mondial par les Américains. Ainsi la production mondiale de pétrole a crû de 14,9 % (2002-2012) ; celle du gaz et du charbon respectivement de 33,3 % et 60 %.

Le modèle économique actuel est donc inégalitaire, trop dépendant des énergies fossiles, et la croissance est un indicateur insuffisant pour mener de bonnes politiques (c'est-à-dire plus justes et permettant de lutter contre le réchauffement climatique).

La première chose serait de revoir les indicateurs pour les adapter aux défis actuels. Le problème du « taux de croissance » est qu'il ne prend en compte ni les inégalités, ni la pollution ni le bien-être. C'est un indicateur purement quantitatif, qui mesure l'augmentation du PIB d'une année sur l'autre. Même Simon Kuznets, inventeur du PIB en 1934[1], préconisait qu'il ne devait pas servir de boussole à l'économie, car c'était un indicateur imparfait. Pourtant aujourd'hui, c'est quasiment la seule référence des politiques. Souvenons-nous comment nos politiques regardaient l'économie américaine dopée aux subprimes avant la crise de 2008. Nicolas Sarkozy rêvait de reproduire le modèle américain. Qu'est-ce qui justifiait cet engouement de notre ancien président, si ce n'est le taux de croissance impressionnant des États-Unis ? Idem pour le débat sur les gaz de schiste. Nos politiques de droite comme de gauche louchaient sur leur exploitation, qui, nous disait-on, ferait de la France une des économies les plus compétitives en créant des centaines de milliers d'emplois. À en croire certains, nous pouvions être le Qatar !

Rien dans les chiffres ne laisse percevoir qu'un taux de croissance puisse être basé sur une financiarisation malsaine ou une énergie polluante. Cet indicateur, en offrant une vision partielle de

1. Simon Kuznet a inventé le PIB à la demande du Congrès américain pour mesurer l'effet de la crise de 1929 sur l'économie. Il deviendra ensuite le principal outil pour mesurer l'économie d'un pays après la conférence de Bretton Woods en 1944.

la réalité, présente des dangers pour l'avenir. La première étape serait de construire un indicateur synthétique prenant en compte la création de richesse mais en l'associant aux efforts faits pour lutter contre le réchauffement climatique et la diminution des inégalités. Cela permettrait d'avoir une vision plus juste de la réalité (même s'il ne faut pas être dupe, car il existe déjà des mesures, des données et des rapports très précis, et pourtant rien ne change).

Quels sont les mécanismes prévus pour relever le défi climatique ?

Les mécanismes mis en place pour sauver la planète ne s'attaquent pas au cœur du réacteur. Le but n'est pas de changer les modes de production et de consommation mais de les corriger. Le « business as usual » doit se poursuivre mais en étant un peu plus vert. Pour cela, il faut atténuer les externalités négatives de notre modèle économique en soutenant les énergies renouvelables ou en rendant plus chers les biens polluants grâce à une taxe ou à un marché du carbone. Si ces mécanismes ont un intérêt, ils ne seront évidemment pas suffisants pour faire décliner nos émissions de CO_2 à partir de 2020 et tenir nos engagements inscrits dans l'accord de Paris (que par ailleurs, jusqu'à aujourd'hui, aucun pays européen ne respecte).

Alors que nous savons qu'il faut développer des énergies renouvelables, plutôt que de mettre en place un plan d'investissement tenant compte des équilibres énergétiques nationaux et internationaux, nos dirigeants préfèrent se limiter à créer des « mécanismes de soutien » à ces énergies renouvelables. Ces mécanismes visent seulement à les rendre plus compétitives par rapport aux autres énergies tout en laissant, ensuite, la concurrence opérer. Le problème est que les conditions de concurrence sont extrêmement défavorables aux énergies renouvelables, y compris en prenant en compte les mécanismes de soutien. Le secteur des énergies renouvelables est caractérisé par une multitude d'acteurs au sein de différentes filières (solaire, éolien, éolien offshore…). Ces acteurs sont en concurrence avec de grandes entreprises dont les technologies et les processus de production sont bien établis. Ces entreprises, les « opérateurs historiques », ont bénéficié d'une position de monopole qui a favorisé leur développement. C'est le cas de la France, où le système énergétique est le produit d'une planification et d'une gouvernance centralisée qui ont donné naissance à de grandes entreprises publiques[1] : EDF, ENGIE, Orano (ex-Areva) et Total. L'État est toujours actionnaire d'EDF, ENGIE et Orano. Le développement de ces entreprises est le fruit de choix politiques et non le résultat de mécanismes de marché. La part du nucléaire dans le bouquet électrique français (75 %) en est la meilleure démonstration. Cette technologie au coût fixe très élevé et au retour sur investissement très long (comparativement aux centrales à gaz ou au charbon) serait-elle dominante avec les mêmes conditions de développement que les renouvelables aujourd'hui ? La réponse est non.

Le choix du nucléaire relevait d'un objectif politique et stratégique : la volonté de réduire la dépendance de la France aux importations et à la fluctuation des prix du pétrole. La réussite d'EDF en France et le développement exceptionnel du nucléaire résultent d'un choix politique qui a permis la mise en place de conditions de développement favorables (État stratège, monopole public de production d'électricité et de fourniture). Or, si nous avons su devenir le pays qui compte le plus de réacteurs par habitant au monde, c'est que nous avons le mode d'emploi

1. J.-M. Chevalier, M. Cruciani et P. Geoffron, *Transition énergétique : les vrais choix*, Éditions Odile Jacob, 2013, p. 33.

d'une politique énergétique volontariste et planifiée. Alors pourquoi ne faisons-nous pas avec les énergies renouvelables comme nous l'avons fait avec le nucléaire ? L'énergie dans laquelle nous investissons aujourd'hui est celle que nous consommerons dans vingt ans. Il est nécessaire d'avoir une vision de long terme. Surtout que nous sommes à un « carrefour de décision » : nos réacteurs vieillissent, ils ont 33 ans d'âge moyen. Initialement prévus pour 40 ans, il est légitime, voire urgent, de se poser la question soit de l'allongement de leur durée de vie à 50 ans pour un coût de 50 milliards (ce qui ne règle pas le problème puisque à 50 ans se reposera la question de dix années supplémentaires ou du démantèlement), soit la question de l'arrêt progressif des réacteurs et de leur remplacement par des unités d'énergie renouvelables. Quel que soit le choix, il doit être le plus démocratique possible et être planifié en amont par l'État, loin des fluctuations de court terme des marchés de l'énergie.

L'autre mesure, très en vogue, repose sur le signal-prix, notamment via une fiscalité verte comme la taxe carbone ou la TVA verte.

Prenons l'exemple de la taxe carbone. Son but est donc d'augmenter le prix d'un produit polluant, en l'occurrence le carburant, dans l'idée d'en réduire la consommation ou que le consommateur arbitre en faveur d'un produit plus respectueux de l'environnement et qui pour sa part ne subira pas cette taxe. Bien qu'efficace dans certaines conditions, cette méthode a des effets limités. Le cas du pétrole est d'ailleurs emblématique. Son prix a été multiplié par cinq entre 2002 et 2014, passant de 20 à plus de 100 dollars le baril. En théorie, une telle augmentation aurait dû entraîner un changement radical dans la fabrication des véhicules et dans les formes de mobilité. Or, si quelques changements ont en effet été visibles dans le comportement des Français, dans l'ensemble, les comportements ont peu changé car le pétrole dans son usage est un bien difficilement substituable (voir le chapitre La France des Gilets jaunes, p. 29).

Enfin, ce qui occupe le plus les esprits tout en retardant le plus l'action politique est la mise en place d'un marché du carbone. Outre le fait qu'il faille toujours avoir en tête qu'un marché est avant tout une construction humaine soumise à des rapports de force sous-jacents, on peut s'interroger sur l'opportunité de créer un autre marché (celui du carbone) pour corriger les effets négatifs d'un marché.

Le but « théorique » était de donner un coût au CO_2 et d'inciter les entreprises à se diriger vers des modes de production moins polluants. Le projet consistait à définir par pays des plafonds d'émissions de carbone pour les entreprises et secteurs polluants. Ensuite, par le jeu du marché, il était possible pour les entreprises les plus polluantes d'acheter les quotas aux entreprises qui émettent moins que leur plafond autorisé. Mais, comme la pratique est souvent très éloignée de la théorie, les quotas d'émissions ont été surévalués – grâce à un lobby efficace – et le prix du carbone a fortement chuté. Alors que le principe de ce marché était d'inciter les entreprises à réduire leurs émissions, il n'a été qu'un outil pour les encourager à ne rien changer. On comprend mieux pourquoi les grandes entreprises et les garants du temple mainstream de la pensée chantent ensemble les louanges du marché du carbone. C'est une façon de contourner les vrais problèmes et d'éviter de dénoncer les vrais responsables.

Comment changer les choses ?

L'hypocrisie dès qu'il est question de mettre en œuvre une transition écologique ambitieuse consiste à faire croire qu'on ne sait pas comment faire. Il faudrait donc mettre en place des commissions, des hauts conseils sur le climat, organiser des grands débats et autres conventions citoyennes pour trouver des solutions. Tout cela permet de créer des postes, de faire des brainstormings en sachant que rien ne sera fait, c'est prestigieux et ça permet de se donner bonne conscience. En réalité, il y a énormément de choses que nous pourrions faire rapidement et simplement, et cela ne se résume pas à de petits gestes pour sauver la planète comme essaient de nous l'imposer les multinationales.

La première chose simple à réaliser est la rénovation des bâtiments. En France, les bâtiments sont responsables de 44 % de la consommation d'énergie et de 25 % des émissions de gaz à effet de serre. Sur les 32 millions d'habitations, il y en a 25 millions à rénover dont 4 millions de passoires énergétiques. François Hollande avait fixé un objectif de rénovation de 500 000 logements par an. Emmanuel Macron avait promis 1 million de rénovations sur l'ensemble du quinquennat, soit 200 000 par an, ce qui est proche de la moyenne actuelle. Il existe également (comme dans le domaine des énergies renouvelables) des incitations fiscales à rénover son logement, comme le crédit d'impôts que Macron voulait transformer en prime immédiatement perceptible au moment des travaux. Mais ces incitations sont peu efficaces et profitent surtout aux classes aisées (une rénovation coûte environ 20 000 euros par logement). Le rythme des travaux reste faible.

Dans ces conditions, pourquoi l'État ne prend-il pas les choses en main en se fixant un objectif d'1 million d'habitations à rénover par an sur vingt-cinq ans et en créant une société publique en charge des rénovations ? Pourquoi ce marché juteux devrait-il profiter au secteur privé ? Ou, s'il profite au secteur privé, il faut poser un certain nombre de conditions sur l'emploi des salariés et sur la provenance des matériaux. Le coût serait estimé à 20 milliards par an.

J'entends déjà les arguments cousus de fil blanc de nos amis libéraux : « L'État n'a pas suffisamment d'argent. » Cet argument est faux. Premièrement parce que l'investissement public dans la rénovation des bâtiments génère des gains pour l'État. L'exemple de l'Allemagne est probant. Andreas Rüdinger, chercheur à l'IDDRI (Institut du développement durable et des relations internationales), montre que pour chaque euro investi dans la rénovation, l'État allemand récupère de 2 à 4 euros via les impôts perçus sur l'activité générée[1]. La rénovation des habitations est aussi créatrice d'emplois. Une étude des économistes Robert Pollin, James Heintz et Heidi Garrett-Peltier

1. A. Rüdinger, « La rénovation thermique des bâtiments en France et en Allemagne : quels enseignements pour le débat sur la transition énergétique ? », *Working paper IDDRI*, n° 7, 2013.

établit qu'un investissement d'1 million de dollars crée 17 emplois dans l'efficacité énergétique, 14 dans les énergies renouvelables, contre 5 dans le pétrole et le gaz[1]. L'investissement public n'a rien de malsain économiquement, surtout quand on investit dans des secteurs utiles (rappelons qu'il est tout de même question de sauver le climat !) où les emplois sont, de surcroît, non délocalisables. Deuxièmement, parce que certains pays comme la France ont accès à des financements dont les taux d'intérêt sont extrêmement bas (même négatifs ces derniers temps), ce qui est très propice à une relance économique dans ces secteurs – compte tenu de leur utilité pour la planète.

Il faut également redéfinir un projet industriel compatible avec les exigences écologiques. Actuellement, le seul projet industriel du gouvernement se limite à alléger la fiscalité et à rendre plus flexible le marché du travail sans demander aucune contrepartie aux entreprises sur les délocalisations, sur les dividendes, sur les licenciements et sur l'engagement en termes environnementaux. Il n'y a plus d'autre vision pour

1. R. Pollin, J. Heintz et H. Garrett-Peltier, « The Economic Benefits of Investing in Clean Energy: How the economic stimulus program and new legislation can boost US economic growth and employment », *Political Economy Research Institute*, University of Massachusetts, 2009.

l'industrie que celle du MEDEF. Si nous voulons construire des rails, des trains, des panneaux solaires, des éoliennes, des fenêtres isolantes, nous avons besoin d'industries. Par conséquent, il faut développer un projet industriel qui définirait les secteurs à promouvoir en élaborant des stratégies coopératives entre entreprises (grandes et PME) répondant au défi climatique. Ce projet industriel serait le bras armé de la transition énergétique. Jouer la coopération de nos entreprises, et en premier lieu celles qui sont publiques, plutôt que de les démanteler et de les dresser les unes contre les autres.

Par exemple, l'État, qui est actionnaire majoritaire chez EDF et Orano, pourrait leur demander un plan de transition du nucléaire vers le renouvelable. Le fiasco d'EDF et d'Orano (plutôt d'Areva) montre que la filière nucléaire n'est plus aussi avantageuse qu'avant. Les coûts décroissants des énergies renouvelables alors qu'elles sont encore en phase d'apprentissage nous indiquent qu'elles sont des filières d'avenir. Ce choix stratégique permettrait de positionner nos entreprises sur des secteurs porteurs et créateurs d'emplois. Ce tournant permettrait de lever un certain nombre de blocages que subissent aujourd'hui les énergies renouvelables, comme l'instabilité réglementaire (« stop and go ») ou le manque de connaissances de la part de l'ensemble des parties prenantes (citoyens, investisseurs, décideurs politiques). Il permettrait également de donner confiance aux investisseurs tout en créant des effets d'entraînement pour les milliers de PME qui travaillent dans le renouvelable.

Il ne faut pas négliger les effets sur le consommateur que pourrait avoir un projet industriel bien défini. Les industriels ont une capacité d'influence énorme sur les choix des consommateurs. Ils le savent très bien, c'est pour cela qu'ils soutiennent constamment la prétendue possibilité de choix du consommateur informé. Par exemple, dans le secteur automobile, le diesel représente 80 % des volumes de carburant consommés en France. Ce quasi-monopole du diesel ne vient pas uniquement de sa fiscalité plus avantageuse, mais également du fait que nos constructeurs se sont spécialisés dans ce type de motorisation. Comment expliquer que les Parisiens, qui n'utilisent que très peu leur voiture pour aller travailler (dans 12 % des cas), aient choisi à plus de 50 % des moteurs Diesel alors même qu'ils ne sont rentables qu'au-delà d'un certain nombre de kilomètres parcourus ? Idem pour les incitations fiscales à l'achat des véhicules, comment expliquer que le choix des consommateurs aille parfois à contre-courant de ce que propose le « Bonus-Malus » ? Le producteur façonne le choix du consommateur, c'est pour cette raison que l'État doit réguler et orienter les productions en en interdisant certaines et en choisissant des gagnants.

La question du réchauffement climatique concerne tout le monde, que l'on soit riche ou pauvre. Or sur ce sujet, il y a rarement eu un écart aussi grand entre les déclarations d'intention et les actes. D'un côté, les connaissances scientifiques s'accumulent, de l'autre des énergies polluantes continuent à être développées et même subventionnées, des traités de libre-échange ratifiés, le « business as usual » déréglementé. Ce déni serait plus ou moins compréhensible si, comme sur d'autres sujets (l'austérité ou le sous-développement), il profitait à une minorité. Ce n'est pas le cas pour le dérèglement climatique, qui affectera autant la minorité riche – en grande partie responsable – que la majorité d'entre nous (à moins que cette minorité ne compte s'installer sur Mars avec Elon Musk). Combien de temps nos dirigeants vont-ils s'enfermer dans cette posture hypocrite qui consiste à soustraire constamment la contrainte climatique de nos choix économiques ? Combien de temps vont-ils reporter la responsabilité sur les consommateurs plutôt que de s'attaquer aux producteurs ? Quand vont-ils arrêter de proposer des solutions à la marge alors qu'ils peuvent mettre en place rapidement la rénovation des bâtiments, le développement des transports en commun ou des énergies renouvelables ? Les jeunes qui manifestent ont raison de faire pression sur les dirigeants, il faut maintenant qu'ils se saisissent d'un programme et qu'ils exigent sa mise en place d'urgence.

CONCLUSION

Depuis trente ans, dans tous les pays développés, le projet de l'« establishment » – dirigeants, hauts fonctionnaires, représentants du grand patronat, élites intellectuelles et médiatiques – a été de mettre en place un modèle économique permettant à une minorité de récupérer une plus grande partie des richesses produites au détriment de la majorité d'entre nous. Pour réaliser ce projet, ils ont réussi à imposer le triptyque mondialisation/financiarisation/austérité à l'ensemble du monde. Cette stratégie n'a pas été simple à mettre en œuvre. De nombreuses fois, des populations ont exprimé leur méfiance à l'égard de ce programme, comme le montrent les victoires du « non », en France en 2005 contre la Constitution européenne, ou en Grèce en 2015 contre les réformes de la troïka. Mais nous savons ce qui s'est passé ensuite. Outre le fait que les élites disposent de moyens financiers supérieurs au reste de la population pour convaincre en s'achetant des organes de presse ou en finançant des think tanks, leur projet a réussi également à s'imposer en s'appuyant sur la division des classes populaires. Une division souvent instrumentalisée par les partis politiques pour s'assurer une base électorale.

Or nous l'avons vu, au-delà des différences sociales, géographiques, éducatives et culturelles qui peuvent exister entre la France des Gilets jaunes, des cadres, des agriculteurs ou des banlieusards, le point commun est que tous ces sous-ensembles de la société française subissent, à différents niveaux, les effets négatifs du triptyque mondialisation/financiarisation/austérité.

En effet, la mondialisation et la financiarisation ont rendu la vie plus difficile à une majorité de salariés (en banlieue et en province) et d'agriculteurs. La mise en concurrence des travailleurs avec ceux de l'étranger et la logique actionnariale ont permis de justifier l'augmentation des cadences, les objectifs délirants des actionnaires, les baisses de fiscalité et la promotion de lois visant à flexibiliser le marché du travail. Les premières victimes de ce système ont été les ouvriers avec les fermetures d'usines en banlieue et en province, puis rapidement les employés et aujourd'hui les cadres les moins qualifiés.

Idem pour les agriculteurs qui subissent la pression de la concurrence internationale les entraînant dans une course à la mécanisation qui, en plus d'exercer une pression sur la terre et in fine les rendements agricoles, détériore leur qualité de vie (dans le chapitre La France des agriculteurs, p. 77, nous avons vu que plus ils produisent efficacement et plus leur chiffre d'affaires baisse). À cela s'ajoute, à partir de 2000, la financiarisation des marchés des matières premières qui a rendu les prix volatils et de moins en moins reliés aux fondamentaux alors qu'une visibilité sur les prix est nécessaire pour engager des investissements.

L'État, plutôt que de contrebalancer les effets déstabilisants de la mondialisation et de la financiarisation de l'économie par de l'investissement public et des protections supplémentaires, a mis en place une politique austéritaire entraînant fermetures et sous-investissement dans les services publics et a retiré des protections aux salariés et aux agriculteurs via les lois « travail » et l'abandon des prix garantis.

Le triptyque mondialisation/financiarisation/austérité a donc frappé plusieurs catégories de la population. Certes avec une intensité différente mais toutes ont été atteintes. Les fins de mois difficiles, les services publics délabrés, la précarité, le chômage, le manque d'espérance, voire les suicides sont autant de conséquences qui marquent la vie de ces millions de délaissés. Mais plutôt que de s'unir sur la base d'un nouveau projet de société plus sociale et écologique, ces différents groupes s'opposent de manière horizontale comme si l'amélioration de la vie de certains ne pouvait se faire qu'au détriment de celle des autres. Le rejet de l'autre se fait d'autant plus que l'on nous rabâche à longueur d'ondes que nous vivons dans un pays qui n'a plus les moyens et qu'il va falloir forcément déshabiller Pierre pour habiller Paul. Or, dans les faits, notre pays n'a jamais été aussi riche, et si les classes populaires n'ont pas suffisamment de moyens, c'est que l'argent ne ruisselle plus, bien au contraire il remonte vers le sommet.

Redéfinir la lutte des classes suppose donc en premier lieu l'alliance de ces catégories de la population française pour mener une lutte verticale visant à casser la matrice de notre modèle actuel, mais elle nécessite également dans un second temps de s'accorder sur les bases d'un programme.

Il faut que l'État social et l'État stratège retrouvent toute leur place. Actuellement, le rôle de la technostructure étatique – la crème des hauts fonctionnaires – est de casser le modèle social et d'imposer aux services publics la logique du secteur privé en les libéralisant voire en les privatisant. Il suffit de lire les rapports de Bercy ou de la Cour des comptes pour le vérifier. Ces hauts fonctionnaires attaquent le modèle social, passent du public au privé, et demandent souvent aux fonctionnaires des catégories B et C de consentir à des ajustements qu'ils ne s'appliquent pas à eux-mêmes. Toute volonté de transformation de notre État pour qu'il protège sa population plutôt qu'une minorité passe par une redéfinition des objectifs à ces postes.

Un État social est un État qui investit dans les services publics. Qui ne voudrait pas de transports performants, d'une place en crèche garantie pour chaque enfant, d'écoles et d'universités rénovées, d'hôpitaux à la pointe, d'investissements dans la culture, dans les équipements sportifs ou dans des programmes urbains de rénovation ? Tout cela a, certes, un coût financier. Mais il ne faut pas nous laisser imposer par les libéraux les termes du débat, nous avons aujourd'hui les moyens d'investir car notre dette publique est parfaitement soutenable comme nous le montrent les faibles taux d'intérêt. Désormais, même des économistes dits « orthodoxes » comme Olivier Blanchard (ex-chef économiste du FMI) ou Jean Pisani-Ferry (économiste proche d'Emmanuel Macron) soutiennent à différent niveaux une forme de relance compte tenu de la faiblesse des taux d'intérêt. Enfin, il ne faut pas oublier de prendre en compte les effets multiplicateurs de l'investissement public (qui font que l'on gagne plus que ce que l'on investit) et la création d'emplois qui sont non délocalisables.

Un État stratège est un État qui reprend le contrôle de ses entreprises publiques pour servir un but. Actuellement, le seul but de notre État est d'imposer l'économie de marché à ses propres entreprises publiques comme le montrent les cas emblématiques d'EDF et de la SNCF. Plutôt que d'ouvrir à la concurrence ses entreprises pour ensuite probablement les privatiser, un État stratège les utiliserait comme bras armé de la transition écologique en obligeant EDF à s'engager dans les énergies renouvelables et en faisant du rail le premier moyen de transport devant l'automobile. L'État doit définir une stratégie industrielle pro-climat en interdisant certaines activités si elles sont polluantes et en organisant la transformation de ces entreprises pour qu'elles s'intègrent dans un vaste projet de transition écologique. Une transition écologique ne peut se réaliser uniquement en jouant sur la taxation des biens polluants : n'oublions pas que la taxe carbone a été le déclencheur du mouvement des Gilets jaunes. Elle doit se faire plus largement en réorganisant toute la production privée comme publique. Cela suppose, dans le cadre de notre projet d'économie mixte (économie dans laquelle les secteurs public et privé coexistent en parts relativement égales) de réglementer un certain nombre d'activités du secteur privé. Par exemple, l'État doit faire en sorte que les grandes entreprises privées n'aient pas comme seul but de satisfaire les actionnaires mais servent un projet commun. Pour cela, il faut dans un premier temps dompter la finance et réduire le poids des marchés financiers en interdisant les banques de dépôts et de crédit d'y intervenir et en limitant la circulation des capitaux. Il faut également intégrer obligatoirement les salariés mais aussi les clients, fournisseurs ou collectivités locales aux conseils d'administration pour qu'ils puissent avoir leur mot à dire sur les décisions des entreprises.

Ce projet ne pourra pas se réaliser sans se dresser frontalement contre les dirigeants de l'Union européenne et sans doute contre l'Allemagne. Quand je dis « frontalement », il ne s'agit pas de réajuster tel traité ou telle directive en y ajoutant un volet « emploi » ou « climat » qui n'y changera rien et donnera bonne conscience à nos dirigeants, je parle de briser la matrice institutionnelle de l'Europe basée sur la mise en concurrence sociale, fiscale et environnementale des États entre eux. Le rapport de force sera d'autant plus en notre faveur que nous arriverons à convaincre d'autres pays européens de nous suivre. Quoi qu'il en soit, il est impératif d'ouvrir une crise au sein de l'Union européenne car les règles sont en train de condamner une génération entière à la précarité tout en ne réglant pas la question climatique.

Une société plus sobre et égalitaire est possible. Elle suppose dans un premier temps que les différentes catégories que forment les délaissés se constituent en une classe à même de soutenir une lutte commune : celle d'en finir avec le modèle économique actuel qui ne sert qu'une minorité pour proposer un autre projet. Ce nouveau modèle économique répondant à des urgences sociales et écologiques ne pourra passer que par la prise du pouvoir. Il est important d'avoir conscience que les élites ont vite compris que le nerf de la guerre était politique. C'est pour cela qu'elles financent des campagnes présidentielles et des lobbies pour influencer les élus. Nous, les classes populaires, devons également nous comporter comme ces élites en choisissant celui ou celle qui portera au mieux notre projet. À nous d'écrire l'histoire.

BIBLIOGRAPHIE

R. Abdelal, « Le consensus de Paris : la France et les règles de la Finance mondiale », *Critique internationale*, n° 28, juillet-septembre 2005.

F. Alvaredo, L. Chancel, T. Piketty, E. Saez et G. Zucman, *Rapport sur les inégalités mondiales*, Seuil, World Inequality Lab, 2018.

B. Amable et S. Palombarini, *L'Illusion du bloc bourgeois*, éd. Raisons d'agir, 2017.

P. Artus et M.-P. Virard, *Et si les salariés se révoltaient ?*, Fayard, 2018.

P. Artus, *Discipliner la finance*, Odile Jacob, 2019.

ATD Quart Monde, *En finir avec les idées fausses sur les pauvres et la pauvreté*, Les éditions de l'atelier, 2016.

L. Bantigny, *La France à l'heure du monde. De 1981 à nos jours*, Seuil, 2019.

H. Baudchon, « Polarisation de l'emploi en France : quelle ampleur ? », *Eco conjoncture*, Economic Research BNP Paribas, septembre 2019.

R. H. Boroumand, « Electricity markets and oligopolistic behaviors: The impact of a multimarket structure », *Research in International Business and Finance*, vol. 33, 2014.

R. H. Boroumand, S. Goutte, S. Porcher et T. Porcher, « A Conditional Markov regime switching model to study margins: application to the French Fuel Retail Markets », *Energy Studies Review*, vol. 21, n° 2, 2014.

R. H. Boroumand, S. Goutte, S. Porcher et T. Porcher, « Correlation evidence in the dynamics of agricultural commodity prices », *Applied Economics Letters*, vol. 21, n° 17, 2014.

R. H. Boroumand, S. Goutte, S. Porcher et T. Porcher, « Asymmetric evidence of gasoline price responses in France: a Markov-switching approach », *Economic Modelling*, vol. 52, 2016.

R. H. Boroumand, S. Goutte, S. Porcher et T. Porcher, « Jumps and volatility dynamics in agricultural commodity spot prices », *Applied Economics*, vol. 49, n° 40, 2017.

R. H. Boroumand, S. Goutte et T. Porcher, *20 idées reçues sur l'énergie*, De Boeck, 2e éd., 2018.

R. H. Boroumand, S. Goutte, T. Péran et T. Porcher, « Worker mobility and the purchase of low CO_2 emission vehicles in France: a datamining approach », *European Journal of comparative economics*, vol. 16, n° 2, 2019.

J.-L. Cassely, *La Révolte des premiers de classe*, Arkhê, 2017.

D. Cayla, *L'Économie du réel*, De Boeck, 2018.

H.-J. Chang, *Kicking away the ladder*, Londres, Anthem Press, 2002.

H.-J. Chang, « Histoire économique du monde développé : leçons pour l'Afrique », *Séminaire organisé dans le cadre du Programme des conférenciers éminents de la Banque africaine de développement*, 26 février 2009.

J.-M. Chevalier, M. Cruciani et P. Geoffron, *Transition énergétique : les vrais choix*, Odile Jacob, 2013.

D. Cohen, *Il faut dire que les temps ont changé… Chronique (fiévreuse) d'une mutation qui inquiète*, Albin Michel, 2018.

L. Demmou, « Le recul de l'emploi industriel en France entre 1980 et 2007. Ampleur et principaux déterminants : un état des lieux », *Économie et statistique*, 2010.

Les économistes atterrés (H. Sterdyniak, D. Cayla, A. Jatteau, D. Lang, P. Légé, C. Mathieu, T. Porcher, C. Ramaux et G. Rotillon), *Macron, un mauvais tournant*, Les liens qui libèrent, 2018.

F. Farah, *Europe : la grande liquidation démocratique*, Bréal, 2017.

J. Fourquet, *L'Archipel français*, Seuil, 2019.

A. Fretel, « Réformes du marché du travail : que disent les "exemples" étrangers ? », *Chronique internationale de l'IRES*, n° 155, septembre 2016.

D. Graeber, *Bullshit jobs*, Les liens qui libèrent, 2018.

P. Griffin, *The carbon majors database*, CDP Report, juillet 2017.

B. Guilleminot, J.J. Ohana et S. Ohana, « The interaction of speculators and index investors in agricultural derivatives markets », *Agricultural Economics*, 2014.

F. Héran, « L'Europe et le spectre des migrations subsahariennes », *Populations et sociétés*, n° 558, septembre 2018.

O. Lamotte et T. Porcher, « Stratégie des compagnies pétrolières internationales et partage de la rente : le cas du Congo », *Management et avenir*, n° 42, 2011.

O. Lamotte, T. Porcher, C. Schalck, S. Silvestre, « Asymmetric gasoline price response in France », *Applied Economic Letters*, vol. 20, n° 5, 2013.

P. Le Clezio, *Prélèvements obligatoires : compréhension, efficacité économique et justice sociale*, Rapport du Conseil économique et social, 2005.

B. Leenhardt, *Production, fiscalité, transparence et gestion des revenus pétroliers en Afrique subsaharienne et en zone franc : la chance des Africains ?*, AFP, département de la recherche, rapport thématique Jumbo, 2004.

S. Lietaer, « Stephen Smith, *La Ruée vers l'Europe. La jeune Afrique en route pour le Vieux Continent* », *Belgeo Revue belge de géographie*, n° 1, 2018.

A.-M. Nicot, « Enquête européenne sur les conditions de travail : des marges de progrès importantes pour la qualité de vie au travail en France », *Les Cahiers de la capitalisation*, Anact, mars 2017.

T. Piketty, *Le Capital au* XXIe *siècle*, Seuil, 2013.

T. Piketty, *Aux urnes citoyens !*, Les liens qui libèrent, 2016.

R. Pollin, J. Heintz et H. Garrett-Peltier, « The Economic Benefits of Investing in Clean Energy: How the economic stimulus program and new legislation can boost US economic growth and employment », *Political Economy Research Institute*, University of Massachusetts, 2009.

S. Porcher et T. Porcher, « Fuel taxes and consumer behaviour: a Markov-switching approach », *International Journal of global energy issues*, vol. 41, n° 1-4, 2018.

T. Porcher, *L'indécence précède l'essence*, Max Milo, 2012.

T. Porcher et H. Landes, *Le Déni climatique*, Max Milo, 2015.

T. Porcher, *Traité d'économie hérétique*, Fayard, 2018.

G. Poux (préface T. Porcher), *L'Atlas des inégalités territoriales de La Courneuve*, Mairie de La Courneuve.

A. Rüdinger, « La rénovation thermique des bâtiments en France et en Allemagne : quels enseignements pour le débat sur la transition énergétique ? », *Working paper IDDRI*, n° 7, 2013.

REMERCIEMENTS

Je tiens à remercier Isabelle Saporta, mon éditrice, pour sa confiance, ses remarques et ses nombreux encouragements dans l'écriture de ce livre. Je remercie également Sophie de Closets, Président-directeur général, pour sa disponibilité et ses conseils ainsi que l'équipe de Fayard notamment Jean-François Dauven, Pauline Faure et Laurent Bertail.

Je remercie aussi le collectif des économistes atterrés dont j'ai l'honneur de faire partie, nos nombreux échanges et débats ont nourri ce livre.

Mes remerciements vont également à mes amis, coauteurs ou compagnons de lutte (et parfois les deux), Frédéric Farah, Raphael Homayoun Boroumand, Stéphane Goutte, Farid Benlagha et David Djaïz ainsi qu'à l'équipe d'ELM stratégie : Mohamed El Yattioui, Anil Ciftci et Renaud Boissac.

Composition et mise en pages
Nord Compo à Villeneuve-d'Ascq

Cet ouvrage a été imprimé en France par
CPI Brodard & Taupin
Avenue Rhin et Danube
72200 La Flèche (France)

pour le compte des Éditions Fayard
en février 2020

PAPIER À BASE DE
FIBRES CERTIFIÉES

Fayard s'engage pour
l'environnement en réduisant
l'empreinte carbone de ses livres.
Celle de cet exemplaire est de :
0,700 g éq. CO_2
Rendez-vous sur
www.fayard-durable.fr

N° d'édition : 75-1664-9/01 - N° d'impression : 3036859